CSSCI来源集刊

中国新闻史学会传媒经济与管理研究会
南京大学新闻传播学院
北京师范大学新闻传播学院

传媒经济与管理研究

传媒经济学学科发展研究专辑

MEDIA ECONOMICS AND MANAGEMENT RESEARCH

丁和根 喻国明 崔保国 主编

U0653147

第6辑

南京大学出版社

图书在版编目（CIP）数据

传媒经济与管理研究. 传媒经济学学科发展
研究专辑 / 丁和根,喻国明，崔保国主编. —南京：
南京大学出版社,2021.11
　　ISBN 978 - 7 - 305 - 23755 - 3

　　Ⅰ. ①传⋯　Ⅱ. ①丁⋯ ②喻⋯ ③崔⋯　Ⅲ. ①传播媒
介—经济学—研究②传播媒介—经营管理—研究　Ⅳ.
①G206.2—05

　　中国版本图书馆 CIP 数据核字(2021)第 249294 号

出版发行　南京大学出版社
社　　　址　南京市汉口路 22 号　　　　　　邮　编 210093
出 版 人　金鑫荣
书　　名　**传媒经济与管理研究——传媒经济学学科发展研究专辑**
主　　编　丁和根　　喻国明　崔保国
责任编辑　荣卫红　　　　　编辑热线　025 - 83685720
照　　排　南京紫藤制版印务中心
印　　刷　江苏凤凰数码印务有限公司
开　　本　635×965　1/16　印张 14.75　字数 178 千
版　　次　2021 年 11 月第 1 版　2021 年 11 月第 1 次印刷
ISBN 978 - 7 - 305 - 23755 - 3
定　　价　45.00 元

网　　　址:http://www.njupco.com
官方微博:http://e.weibo.com/njupco
官方微信:njupress
销售咨询热线:(025)83594756

《传媒经济与管理研究》

目录 CONTENTS

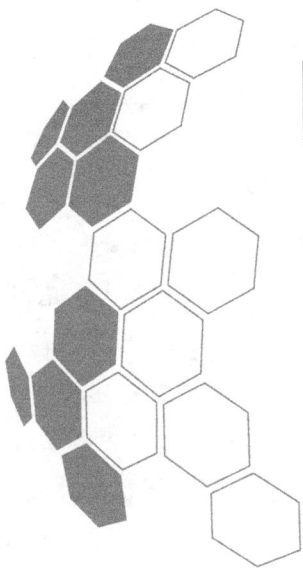

传媒经济学学科发展研究专辑

专辑主持人：丁和根

    我国的传媒经济学研究在 20 世纪 80 年代媒体的市场化改革中起步，至今已有数十年的发展进程。在此过程中，政治、经济、社会、技术等领域的改革与创新都对传媒经济研究发生着重要且深刻的影响，尤其是近十多年来，新兴传播技术的飞速发展使得我国的传媒生态发生了翻天覆地的变化，这些因素促使我们必须思考：中国的传媒经济从何处来？又将走向何方？面对传媒经济领域的急剧变化，传媒经济学原有的研究路径、方法与范式需要进行怎样的革新，才能更好地适应这种新的情境？本辑组织的几篇文章正是试图对此做出回应，希望能唤起大家的讨论热情，共同推动我国传媒经济学学科的进步与完善。

我国传媒经济学发展的
历史脉络与范式建构

刘楚君

摘　要　本文在梳理前人研究的基础上,试图厘清我国传媒经济学发展的历史脉络以及研究范式,这对于全面了解中国传媒经济学的学科构建尤为重要。本文基于库恩的科学发展模式以及沃勒斯坦的学科制度化视角,将中国的传媒经济学划分为四个阶段:传媒经济在我国的初现阶段(1978—1990年);早期研究的"前学科"时期(1991—2002年);学科制度化建构与"常规学科"时期(2003—2012年);"常规学科"的持续构建与"科学革命"时期(2013—2021年)。同时总结我国传媒经济学研究范式的代表性观点,主要分为微观—中观范式、理论—应用—批判范式、市场—企业—社会范式以及传播—管理—经济范式四种。我国传媒经济学研究并未形成一致认同的研究范式,面临着旧范式退场与新范式缺失的双重危机。

关键词　中国传媒经济学　学科制度化建构　研究范式建构

引言

在大数据技术、移动互联网、人工智能技术全面渗入传媒

作者简介　刘楚君,女,南京大学新闻传播学院博士研究生。研究方向:媒介经济与伦理。电子邮箱:654090659@qq.com。

业的大背景下,我国的传媒经济产业发展迅猛,传媒经济学也成为学界研究的热点和焦点。回顾我国传媒经济研究的历史可以发现,其最早可以追溯到晚清民国时期[1]。我国对该领域的探讨始于新闻传播领域的学者,戈公振、徐宝璜等人对于报业经营活动的探讨被视为我国对这一领域的最早尝试,但学者们并未对该议题展开实质性的研究。随着 20 世纪 90 年代后期我国政策的变化以及传媒产业的快速发展,研究者在这一领域的研究逐渐深入,传媒经济学也发展成为一个独立的学科。

与其他传统学科相比较,传媒经济学作为一个新兴学科,是一个多学科交叉的复杂知识体[2]。一般认为,传媒经济学是将经济学知识应用于传播学领域,主要研究与传媒产业相关的经济行为而形成的交叉学科[3]。周鸿铎将传媒经济学视为应用传播学的分支学科之一,认为其研究主要涉及传媒活动的投入与产出比例,以及由此引发的经济活动及其运行规律[4]。也有学者将传媒经济学看作研究传播活动过程中产生的经济关系的学科。由于传媒经济学所拥有的跨学科性质,传媒经济研究的边界模糊,其学科属性、研究范式仍可商榷。现在,传媒经济学已经成为一门不可忽视的独立学科,其定义及归属众说纷纭,该学科的历史发展脉络也亟须梳理。

本文主要在总结前人研究的基础上,系统地梳理我国传媒经济学发展的历史脉络以及学科研究的范式建构,阐述我国传媒经济学因何而来及向何处发展,以期更好地建设本土特色的传媒经济学科。

一、我国传媒经济学发展的历史脉络

因为我国传媒机构具有事业性、产业性的双重属性,所以,中国传媒经济学的发展有别于西方,早期发展直接导入西方传媒经济学研究模式,后期依靠自身发展[5]。曾有诸多学者将传媒经济学的发展历史研究放置在美国学者库恩提出的科学发展模式框架下进行讨论。库恩认为,任何一门学科,在处于学科发展的"前科学"时期时,没有形成科学共同体,更没有形成一个被共同接受的科学研究范式,只有进入"常规科学"时期之后,这一学科才形成科学共同体[6]。

根据库恩科学发展模式的视角,陈玥将中国传媒经济学研究的历程划分为三个阶段。20世纪90年代之前为初始阶段,相关议题开始引发关注;1993—2000年中国传媒经济学研究处于发展的"前科学"时期,国家政策、业界和学界共同推动了传媒经济学研究的发展;2001年至今是中国传媒经济学研究的迅速成长期,传媒经济产业的快速发展促使中国传媒经济学取得巨大的进步,并逐步向"常规科学"的发展阶段迈进[7]。

卜彦芳等探讨了中国传媒经济学科研究发展近40年的历史,并将其划分为四个阶段:萌芽期(1978—1992年),传媒经济学的学科属性还没有明确;初始期(1993—2002年),传媒经济学作为一门独立学科的意识开始觉醒;成型期(2003—2012年),传媒经济学的研究框架不断完善,研究体系逐渐形成;发展期(2013—2018年),学科构建彰显中国特色[8]。

李洁等回顾了改革开放至今我国传媒经济研究的发展历程,并将其划分为四个阶段:第一,初步开拓期(20世纪70年代末到80年代末),报业经营问题成为业界和学界共同关注的焦点;第二,积累成长期(20世纪90年代),这一阶段我国社会主义市场经济体制逐步确立,传媒经济的研究也逐渐由对实践的探索转向重视理论研究;第三,快速推进期(2000—2008年),传媒经济的理论研究和应用研究在此阶段取得显著成绩;第四,深化繁荣期(2008年至今),传媒经济基础理论研究不断深入,开始走向自觉进行学科构建阶段[9]。

　　黄可则总结了中华人民共和国成立以来中国传媒经济发展的整个历程,全面地总结回望了 1949 年至 2019 年 70 年间中国传媒经济研究的发展,并将其分为五个阶段:"破冰"阶段(1949—1978 年),经济属性认知萌芽,传媒经济实践以广告为主,报纸具有工具性和商品性的两重性成为破冰式学术观点;"重启"阶段(1978—1990 年),传媒经济及相关研究注重厘清理念、建构概念,探讨我国传媒发展的经济属性;"活跃"阶段(1990—2000 年):传媒产业化发展加速,传媒经济研究日渐活跃,学者队伍不断扩大,不同维度的研究成果日趋丰富;"系统化"发展阶段(2000—2010 年):一系列重要著作集中问世,标志着传媒经济研究走向系统化,开始以更综合、更系统、更理论的视角思考传媒经济问题;传媒研究的"下半场"阶段(2010—2019 年):互联网、新媒体等新信息平台和技术日渐深入,传媒经济研究的主题和热点也随之改变,研究中逐渐建立起对传媒发展规律的新认识、新理解[10]。

　　综合以上文献不难发现,虽然各位学者基于不同的标准对于中国传媒经济学研究进行的划分略有不同,但大体相似。从最初零散的片面求解,到由点及面的发散探索,再到研究成果的涌现和研究体系的初步成型,中国传媒经济学的研究及建立与我国传媒经济实践、传媒产业化发展同步,与社会历史环境、国家政策、社会转型以及新兴技术的推动等密切相关[11]。因此,在梳理我国传媒经济学科发展史时,不仅要考虑到学科建设的过程,也要综合考量我国传媒经济发展的历史背景、国家政策、技术进步等多方面因素。曾琼在研究西方传媒经济学科的历史进路时,综合了库恩的科学发展模式以及沃勒斯坦的学科制度化分析框架,为探讨传媒经济学研究的历史发展以及学科建设提供了新的思路。基于库恩的科学发展模式以及沃勒斯坦的学科制度化视角,结合我国学者对传媒经济学研究的成果,本文将中国的传媒经济划分为四个阶段:传媒经济在我国的初现阶段(1978—1990 年);早期研究的"前学科"时期(1991—2002 年);学科制度化建构与"常规学科"时期(2003—2012 年);"常规学科"的持续构建与"科学革命"时期(2013—2021 年)。

(1)传媒经济在我国的初现阶段(1978—1990 年)。我国的传媒经济学在 20 世纪上半叶就已经初露端倪,以 1919 年徐宝璜的《新闻学》、1927 年戈公振的《中国报学史》以及 1936 年刘觉民的《报业管理概论》为代表,提出了传媒经济相关议题[12],此外在北平大学、燕京大学、上海复旦大学与其他新闻学校普遍开设传媒经济学课程[13]。但由于社会发展的不稳定、体制的更迭,传媒经济的实质性研究一直未展开。新中国成立后很长的一段时间,我国媒体被定位为党的"喉舌",强调政治宣传工作,而忽视经济属性。直到 20 世纪 70 年代末期,伴随着改革开放政策的实施,社会主义市场经济的发展,传媒业经济特征逐渐显现并引发学界和业界的关注,传媒经营问题、广告问题在以业界为主的研究者中才被提及。1981 年,安岗提出我们能不能建立一门新闻经济学,研究报纸作为一个特殊的企业的经济活动[14]。之后,也有学者陆续提出"报业经济""出版经济"等细分领域,开展专业化的持续性研究。但此时传媒经济学研究还只涉及报业的研究,并未形成完整的理论体系。传媒经济学虽然开始在高校开设相关课程,但这一时期还不是作为一门独立学科存在。

(2)早期研究的"前学科"时期(1991—2002 年)。这一时期,传媒经济教科书出现,我国传媒经济学研究的理论体系开始形成。此外,1994 年,《新闻大学》开设"报业经营管理"专栏,为传媒经济学研究提供了一个学术交流和知识共享的平台[15]。1997 年我国第一部以"传媒经济"命名的专著出版,即周鸿铎的《传媒经济》。网络技术的不断发展也催生出了"网络经济"等新的议题。依托于传媒制度与网络技术,学者们对传媒经济的认识逐渐深化,相关议题的专著不断涌现,这一阶段,新闻传播学学科背景的研究者是传媒经济学主要的研究力量,相关研究是随着国家政策指引以及传媒业的实际情况展开的,更多的是对现实状况的回应,主要运用经济学的基本理论、方法和分析工具开展传媒经济研究,但这段时期的研究没有科学、规范的研究方法。虽然我国传媒经济学得到了长足的发展,但是研究范式的缺失使得学界并没有一个公认的研究框架和理论体系[16]。

(3)学科制度化建构与"常规学科"时期(2003—2012年)。进入 21 世纪后,我国传媒机构开始走上产业化、集团化的发展道路。自 2001 年我国加入 WTO 后,西方媒体进入我国,加上新的互联网技术的发展,对我国传媒经济研究产生巨大影响,向西方学习,引进国外先进的传媒经济理论成为我国传媒经济学建构性发展的重要一环,在国家"继续深化文化产业改革"及"文化产业大发展大繁荣"的背景下,传媒经济的发展一片光明,传媒资本经营、传媒市场结构、传媒产业化、国际贸易与政府规制等成为这个时期传媒经济研究的热点。我国研究者也开始自觉进行学科体系和理论研究体系的建设。学界和业界都成立了专门的研究机构,中国人民大学、北京广播学院于 2003 年设立传媒经济学二级学科,传媒经济学作为一门独立学科开始正式存在于中国的教育体制内。2008 年,中国传媒经济学会成立。自此,传媒经济学作为一大学科门类正式确立,该学科进入"常规学科时期"。由于我国的传媒经济学研究始于新闻学领域,在运用西方研究范式时并不能很好地融合,研究范式与研究方法的混乱使得我国传媒经济学研究面临双重范式危机。

(4)"常规学科"的持续构建与"科学革命"时期(2013—2021年)。这一时期,我国的传媒也进入"常规学科"建构与"科学革命"并存的阶段。新的经济环境和传播环境不断重构着媒介生态,各种日新月异的新媒介技术不断拓宽传媒经济研究的领域,特别是随着媒介融合实践的深入,传统媒体的媒介融合面临着结构性困境,传媒经济的研究也面临着巨大的研究范式危机。随着互联网、新媒体等技术的日益成熟,新媒体、社会化媒体、大数据、云计算及人工智能等带领媒介发展进入新的阶段,研究者也聚焦新问题发表一系列成果,例如张宏波的《技术驱动下传媒经济研究的创新》,朱天、张诚的《互联网的"下半场"中传媒经济的人类"尺度":一种基于互联网圈子的推演》,丁敏玲的《数字化时代传媒经济的新转向》,等等。在新问题的推动下,传媒经济研究者对传媒规律的发展有了新认识,在传统的经济学、传播学以及管理学范式之外,引入大数据挖掘、网络分析等新的研究技术与分析工具,例如喻国明及其团队运用知识图谱的研究方法对我国传媒经济学研究的学术地图进行总结,发表了《中国传媒经济学发展的学科图谱——基于文献计量学的分析(2003—2014)》等一系列成果。此外,随着新技术的变革以及数字化引发的传媒生态的重构,传媒经济学研究的热点和焦点也在不断发生变化,传媒经济学的理论体系和研究范式也面临新的挑战,亟须新的传媒研究范式应对层出不穷的新问题。受限于该学科发展的规模和时间,成熟的传媒经济学理论和研究范式体系还未形成,未来的传媒经济学科的发展任重而道远。

二、我国传媒经济学研究的范式建构

回顾我国传媒经济学研究的历史进程以及演进路径可以发现，研究范式的建构、学科性质的归属以及理论体系的完善是其研究的核心以及难点。学界对于传媒经济学的研究范式一直众说纷纭，有学者认为传媒经济学始于经济学领域，其本质依旧是经济问题，经济学是解决问题的关键[17]。另一部分则认为虽然传媒经济学是基于经济学的研究框架发展而来，但是也不能忽视传媒产业与一般企业之间的根本性差距[18]。学科属性争论的背后是传媒经济学研究的范式混乱。多元化的研究范式反映出我国传媒经济学在进入学科建设阶段后仍未确立起共同认知的研究范式。我国的传媒经济研究面临范式认同甚至无范式的困惑和争执[19]。对传媒经济学研究范式的分析是归纳这一领域研究状况的重要途径。

"范式"(paradigm)是由库恩提出的，指科学共同体在从事科学活动时在观念、目标、价值观等方面的一致性，是从理论到方法，是集信念、价值与认知工具于一体的综合体[20]。在库恩科学发展观中，具有明确的科学"范式"，是一门学科发展成熟的标志，同时它还是科学研究者探索未知世界的世界观和方法论的坐标[21]。

西方的传媒经济学历经数百年已经发展成熟，我国的传媒经济学研究是由西方直接导入，因此系统梳理西方传媒经济学的研究范式对中国的传媒经济学发展来说至关重要。西方传媒经济学的研究主体在形成初期以经济学者和工商学者为主，其研究主要采用经济学取向。罗伯特·皮卡特在探讨西方传媒经济学研究的方法和范式时，提出了"公司研究"和"行为市场研究"这两个重要概念。"公司研究"主要指传媒企业研究，也是早期西方传媒经济研究的主要内容,属于微观层面的研究,而"行为市场研究"则主要包括传媒市场和传媒产业等方面的研究[22]。根据皮卡特的这一研究框架,西方传媒经济学逐步形成以微观经济学和产业经济学为主导的理论范式,这一理论范式在西方研究中已经发展得十分成熟。20世纪90年代以后,西方传媒经济学开始探讨更为宏观的传媒全球化等问题,以发展经济学的范式为主。西方传媒经济学在经过数百年的发展后,已经逐步建立起微观、中观以及宏观三个层面的研究框架,并形成完整、系统的研究体系。

我国的传媒经济学较西方而言起步比较晚,自觉的学科建设起始于20世纪90年代。西方的传媒经济学自产生起就由经济学领域展开,并由诸多主流经济学家建构研究范式。而我国的传媒经济学是由新闻传播领域展开的,并长期以新闻传播学者为主力,这就导致研究者缺乏经济学的学科理论基础。在"常规学科"建设时期,我国传媒经济领域虽得到长足发展,但是议题宽泛,突出成果有限。我国于2001年加入世贸组织之后,传媒产业面临全球化发展的机遇与挑战。2003年被称为中国数字电视元年,这一时期我国传媒产业也开始数字化的发展。与此同时,我国文化体制开始进行改革,传媒经济研究领域不断有新的议题出现,但由于范式的缺失与困惑,导致我国传媒经济学学科建设遭遇瓶颈。

潘力剑在《传媒经济学的研究范式——传媒经济研究的一个基础问题》一文中,首次探讨我国传媒经济学的学科归属以及研究范式的问题[23],这也意味着我国传媒经济学在经历20多年的发展后开始走向学科自决和学术自决的道路。通过梳理前人文献发现,我国传媒经济研究范式主要有以下几种观点:一是微观—中观范式。潘力剑认为现代经济学中的微观经济学和产业经济学就是传媒经济学纯正的研究范式。二是理论—应用—批判范式。杭敏和皮卡特的研究认为传媒经济的主导范式主要分为理论型、应用型和批判性三种[24]。三是市场—企业—社会范式。喻国明等学者结合传媒经济领域的重要研究议题，提出传媒经济研究三大范式：以微观经济学为视角的市场范式，主要研究传媒经济领域的生产问题；以管理经济学为视角的企业范式，探讨传媒产业中的决策问题；以政治经济学为研究视角的社会范式，侧重讨论社会需求的问题[25]。四是传播—管理—经济范式。谭天将我国的传媒经济学划分为三个领域，即传媒产业经济学、传播管理经济学、传播政治经济学，并认为传媒产业经济学和媒介经营管理是我国传媒经济学研究的两个主要范式[26]。崔保国对于我国传媒经济学的范式划分与谭天有异曲同工之处，其将传媒经济学研究划分为传播学、经济学和管理学三大范式。

我国学者对于传媒经济学研究范式的探讨并没有形式一致的意见与稳定的范式体系，这也引发了唐绪军对"传媒经济研究有没有自己的基本研究范式"这一问题的思考。我国传媒经济学研究范式出现困境的原因在于并未像西方一样脱胎于经济学且完成经济学理论及范式的系统导入，而是由新闻领域开展，缺乏系统的经济学知识体系。此外，相较于西方传媒经济学的研究，我国的传媒经济学研究范围更加宽泛，有关联政治学的、社会学的，这些在某种程度上对我国传媒经济的发展或有裨益，但并不能帮助建立系统的传媒经济研究的范式体系[27]。虽然传媒经济学作为一门独立学科的发展历程较短，目前尚未能形成系统的理论体系、研究范式以及学科制度，但这也预示着我国传媒经济学未来拥有广阔的研究空间。科学技术的日新月异促使传媒业发生着巨大的变化，传媒经济学领域的很多问题仍需要研究者继续进行深入的探索和研究。

三、结语

本文在梳理前人研究的基础上，基于库恩的科学发展模式以及沃勒斯坦的学科制度化视角，将中国的传媒经济划分为四个阶段：传媒经济在我国的初现阶段（1978—1990年）；早期研究的"前学科"时期（1991—2002年）；学科制度化建构与"常规学科"时期（2003—2012年）；"常规学科"的持续构建与"科学革命"时期（2013—2021年）。传媒经济学研究范式的不统一导致传媒经济学学科属性的不确定，通过对前人研究的总结发现，在我国传媒经济学研究中，主要包含四种研究范式观点，即微观—中观范式、理论—应用—批判范式、市场—企业—社会范式以及传播—管理—经济范式，但目前学界对于传媒经济学的研究范式还没有形成统一的意见。由新闻领域诞生的中国传媒经济学并未完成系统的经济学理论、方法和范式的导入，因而陷入范式困惑。

中国传媒经济学研究存在着先天发展落后、后天成长不足的特点。一般认为，一个学科发展成熟并成为独立学科，需要具备完整的、独立的研究内容、研究方法和研究范式。但目前我国传媒经济学还没有建立起一套系统、独立、完整的科学理论体系。纵观我国传媒经济学的发展历程可以发现，传媒经济学还没有成长为一个成熟的学科，学科交叉成为传媒经济学最重要的特征，研究者具有新闻传播学、经济学、政治学等不同的学科背景，学科背景交叉为传媒经济学提供了丰富的研究空间，但同时因为无法形成普遍认同的研究范式，也影响着学科自身的建设。

中国传媒经济学虽然进入高校并具有学科建制，但是独立性不足。不过从长远来看，传媒经济学作为新闻传播学研究中的经济学视角是不可或缺的,甚至从传媒产业发展的大趋势来看,传媒经济学是应当被置于中流砥柱位置的最前沿的新兴学科[28]。总体而言,我国传媒经济学经历几十年的发展,获得了长足的进步,实现了从无到有的跨越。在新的媒介生态下,研究议题更加多角度、多层次和多元化,传媒经济学也应紧跟发展趋势,借鉴西方科学研究范式的经验和成果,不断探索适合我国市场条件下的传媒经济研究的方法和范式,破解中国传媒经济学的发展困局。

注释

[1] 姜涛:《传媒经济学发展的阶段性特征》,《重庆社会科学》2015年第 11 期。

[2] 姚曦、李斐飞:《学科制度结构视角下的西方媒介经济学起源与演化——基于 SSCI 数据库的知识图谱分析》,《新闻与传播研究》2016 年第 12 期。

[3] 崔保国:《传媒经济学研究的理论范式》,《新闻与传播研究》2012年第 4 期。

[4] 周鸿铎:《规律性传媒经济理论结构体系——中国传媒经济理论研究四十年之三》,《东南传播》2018 年第 11 期。

[5] 陈玥:《中国传媒经济学研究历史进路与范式建构》,武汉大学博士学位论文,2014 年。

[6] [美]托马斯·库恩:《科学革命的结构》,金吾伦、胡新和译,北京:北京大学出版社,2003 年,第 158 页。

[7] 陈玥:《中国传媒经济学研究历史进路与范式建构》,武汉大学博士学位论文,2014 年。

[8] 卜彦芳、董紫薇:《历史进路、理论记忆与框架建构:中国传媒经济研究四十年》,《现代传播(中国传媒大学学报)》2019 年第 5 期。

[9] 李洁、丁和根:《改革开放 40 年中国传媒经济研究回望与思考》,《传媒观察》2018 年第 12 期。

[10] 黄可:《与实践同行:新中国传媒经济研究 70 年(1949—

2019)》,《新闻与传播研究》2019 年第 12 期。

[11] 黄可:《与实践同行:新中国传媒经济研究 70 年(1949—2019)》,《新闻与传播研究》2019 年第 12 期。

[12] 石义彬、周劲:《传媒经济学研究的回顾与反思》,《新闻与传播评论》2003 年第 1 期。

[13] 曾来海:《晚清民国时期传媒经济(管理)学研究的历史考察》,《国际新闻界》2013 年第 3 期。

[14] 安岗:《我们能不能建立一门新闻经济学?》,《新闻战线》1981 年第 3 期。

[15] 姜涛:《传媒经济学发展的阶段性特征》,《重庆社会科学》2015 年第 11 期。

[16] 石义彬、周劲:《传媒经济学研究的回顾与反思》,《新闻与传播评论》2003 年第 1 期。

[17] 潘力剑:《传媒经济学的研究范式——传媒经济研究的一个基础问题》,《新闻记者》2004 年第 7 期。

[18] 郭炜华:《传媒经济研究的进路——兼与〈传媒经济学的研究范式〉商榷》,《新闻记者》2005 年第 2 期。

[19] 李洁、丁和根:《改革开放 40 年中国传媒经济研究回望与思考》,《传媒观察》2018 年第 12 期。

[20] [美] 托马斯·库恩:《科学革命的结构》,金吾伦、胡新和译,北京:北京大学出版社,2003 年,第 158 页。

[21] 陈俊:《库恩"范式"的本质及认识论意蕴》,《自然辩证法研究》2007 年第 11 期。

[22] 陈中原:《传媒经济学研究的简要回顾》,《新闻大学》2005 年第 1 期。

[23] 潘力剑:《传媒经济学的研究范式——传媒经济研究的一个基础问题》,《新闻记者》2004 年第 7 期。

[24] 杭敏、[瑞典] 罗伯特·皮卡特:《传媒经济学研究的历史、方法与范例》,《现代传播(中国传媒大学学报)》2005 年第 4 期。

[25] 喻国明、丁汉青、支庭荣等:《传媒经济学教程》,北京:中国人民

大学出版社,2009 年,第 9—14 页。

　　[26] 谭天:《试论我国传媒经济的研究》,《暨南学报》(哲学社会科学版)2007 年第 1 期。

　　[27] 曾琼、张金海:《中国传媒经济研究 20 年回顾与反思》,《新闻大学》2014 年第 2 期。

　　[28] 崔保国:《传媒经济学研究的理论范式》,《新闻与传播研究》2012 年第 4 期。

The Historical Context and Paradigm Construction of the Development of Media Economics in my China

LIU Chujun

Abstract: Based on previous studies, this paper attempts to clarify the historical context and research paradigm of the development of China's Media Economics, which is particularly important for a comprehensive understanding of the discipline construction of China's Media Economics. Based on Kuhn's scientific development model and Wallerstein's perspective of discipline institutionalization, this paper divides China's Media Economy into four stages: The initial stage of media economy in China (1978 – 1990); The "pre-discipline" period of early research (1991 – 2002); The period of discipline institutionalization and "conventional discipline" (2003 – 2012); The continuous construction of "conventional discipline" and the period of "scientific revolution" (2013 – 2021). At the same time, it summarizes the representative views of the research paradigm of Media Economics in China, which is mainly divided into micro-medium paradigm, theory-application-critical paradigm, market-enterprise-society paradigm, and communication-management-economic paradigm. The research of Media Economics in China has not formed a common research paradigm, and is facing the dual crisis of the lack of the old paradigm and new paradigm to be constructed.

Key words: Chinese Media Economics; Discipline Institutionalization; Research Paradigm Construction

智媒时代传媒经济学的理论价值、研究维度与学科空间

张 燕

摘 要 在技术革命的推动下,传媒经济正面临着百年未有之大变局,5G、大数据、VR/AR 等变革性技术驱动传媒经济的边界、要素以及结构发生变革,新生态、新业态背景下传媒经济学研究视野和研究范式的调整与转化成为关注重点,本文将分析在智媒时代技术介入下传媒经济学所面临的产业发展态势,在此基础上进一步探析传媒经济学的理论价值、研究维度和学科拓展空间。

关键词 智媒时代 传媒经济学 学科建设

随着网络空间的崛起,数字经济的浪潮迅速席卷全球,新技术不断驱动着全球社会经济的变革与重构。对于传媒业而言,当前媒体融合不断深入,技术、市场、资本等因素驱使传媒经济加速发展,进入互联网发展的"下半场"。"数字和网络技术已经大大改变了媒体的生产力和生产关系,未来伴随着大数据、人工智能和 5G 技术的协同升级以及媒体融合战略的纵深推进,一个由生产者、用户、渠道、终端等多要素彼此交互而成的数字化生态系统将成为全媒体传播时代的基本市场环

作者简介 张燕,女,南京大学新闻传播学院博士研究生。研究方向:文化产业研究。电子邮箱:540522841@qq.com。

境"[1]。技术创新带来的智能化、个性化为传媒经济注入新动力,也使得传媒经济的边界被重新定义。

一、新技术开启传媒经济研究新纪元

（一）5G 提速经济迎来新动力

近年来,人工智能、区块链、云计算、大数据等高新技术投入应用,传媒渠道边界不断拓展、延伸,传媒运营模式不断升级,2019 年 6 月,继韩国、美国为公众提供 5G 网络服务后,中国工信部正式向中国电信、中国移动、中国联通和中国广电四家公司发放 5G 商用牌照,中国正式迎来 5G 时代。据中国通信研究院发布的《5G 经济社会影响白皮书》,5G 将提供至少 10 倍于 4G 的峰值速率、毫秒级的传输时延和千亿级的连接能力[2]。这就意味着号称"超音速"的 5G 可以克服过去网络中存在的连接障碍,能容纳更多的连接设备,同时维持低损耗的续航能力,将"连接成本"降到最低。因此,5G 技术传输速率的提升促使它的网络链接不再是选择性、分离式、粗线条式的链接,而是"无时不有""无处不在""万物互联"的存在。

5G 技术的应用将创造一个无限量的巨大信息网络,并将从前不能纳入其间的关系纳入进来——从人与人之间的通信走向人与物、物与物之间的通信,创造智能终端之间的超级链接,从而巨大且深刻地改变我们的生活和社会。数据化、智能化的发展范式将极大地塑造新的媒介生产力,为媒介带来新的知识谱系、交互式阅读、个性化推荐、全平台内容共享、大数据预测等方向的革命性改变[3]。由此也将加速推动传媒内容、渠道、用户、生态的全方位重构,传媒产业边界扩张也将创造出可观的经济收入,预计到 2035 年,5G 将在全球创造约 12 万亿美元的经济产出,其中 80％的电信收入将与 5G 相关[4]。当下,全新的媒体融合正在生成,传播渠道与智能终端的爆炸式增长使得"万物皆媒"的构想成为现实,"万物皆媒"新纪元正式开启。

(二)技术驱动传媒产业边界重构

目前,新技术的发展正在推动传媒产业生态景观的重建。智能化技术在媒体行业的运用带来了生产力变革,用户与场景、新闻与机器之间关系越来越密切,用户平台、新闻制作系统、新闻发布和信息终端系统面临生态重建。互联网公司成为传媒产业和经济的重要角色,新闻制作领域的话语权不再是传统媒体一家独大,彭兰教授称这种状态为智能媒体时代的到来。受到智能媒体承载的新技术驱动,传媒产业领域必然面临着专业媒体和媒体人的价值重建,传统媒体产业边界不断消融、重塑。

智媒化时代的传媒生态边界逐渐模糊,然而,传媒经济产业的边界消融并非意味着其边界的不存在,学者丁汉青认为,"边界消融"是边界所发生的新状况的重构。因此,消融是一种结果,"消融"往往也意味着"重建"。在高度竞争和边界逐渐消融的环境中,传统媒体与科技巨头在竞争和博弈之间寻求合作及发展。边界消融,实质上是媒体行业新进入者与在位者之间重新配置社会资源而形成新的产业稳定状态的一个过程,在此过程中,技术、资本、政策和企业家都扮演了重要角色。

新技术引发了媒介形态变革,在以 5G、人工智能、大数据为代表的新技术促进下的媒介产业融合也进入深层次阶段。传统媒体和新兴媒体都在新的变革中探索前进,技术与平台、体制改革与政策、市场与资本等因素均对媒介融合的发展造成一定影响,智媒化时代的媒介融合关于技术逻辑、资本逻辑的考量缺一不可。作为一种长期性、系统性的战略工程,数据驱动成为传媒产业融合发展的新引擎。

新生产力必然带来生产关系的变革,基于互联网技术的推动,媒介融合逐渐走向平台化的道路,媒体平台打破了原有的传媒生态,聚合多重优势,成为媒体信息的集散地与用户互动的中心,实现全方位的生态融合。在传统新闻生产中,以内容生产者为中心、以固有的资源为分发渠道的传统传媒体系被打破,信息源、内容生产者、分发渠道与用户之间形成全新的结构体系,随之带来了权力关系的变化,技术拥有者的权力和地位将会上升,平台等分发技术的控制者已经在内容产业方面获得重要话语权,成为未来影响内容生产的重要因素之一。

随着大数据、算法在传媒产业中的运用,内容产生的数据源不再依靠专业的记者,而是通过新技术对于信息的抓取,过去作为专业的信息来源平台的作用大大削减,而通过智能技术,直接向用户推送信息的新兴平台将成为新型媒体。作为受众的用户,不仅是内容的消费者,在新的生产关系中,还承担着生产、传播和消费的功能,成为内容生产流程中不可或缺的一部分,用户对内容的质量与流向的影响权重比以往更加重要。在这样的传媒产业生态变革的背景下,传媒经济研究的进路与范式也随之改变。

(三) 智媒时代传媒经济学科的理论价值

传媒经济学研究更多借助于新古典主义经济学理论和管理学理论作为自己的理论基础。在过去十多年里,中国传媒经济的理论研究成果丰硕,已出版的著作涵盖了许多不同的研究议题。这一时期传媒经济研究的主要议题可以归为四类:微观经济学视角主要关注传媒组织的生产行为与消费者的需求行为;产业经济学视角主要关注市场结构、经营行为与产业绩效;政治经济学视角主要关注公共福利与市场行为;宏观经济学视角主要关注国际贸易与政府规制,该阶段传媒经济研究已经形成了基本的理论框架。在成型期已经初步形成传媒经济理论框架的前提下,这一阶段传媒经济理论框架逐渐形成了史论、基础理论、应用理论"三论"兼备的新格局。2013 年中国书籍出版社策划的"传媒经济论"丛书,分为《研究史纲卷》《理论基础卷》和《传经解读卷》三个模块,依次对传媒经济学的史论、基础理论和应用理论进行了论述,较好地体现了传媒经济研究的"三论"体系。

"三论兼备"研究体系的出现,也说明传媒经济与管理领域的学术研究紧追传媒实践最前沿,这是因为,当下传媒经济发展处在一个技术生产和应用周期持续缩短、新商业形态不断涌现的"传媒加速度"时期,研究者必须保持对热点现象和创新实践的敏锐性,才能从中捕捉未来传媒发展的动向,形成新思维和新视点。

近年来,互联网尤其是移动互联网的迅猛发展改变乃至颠覆了传统媒体的传播模式和产业形态。互联网已经成为整个社会的底层架构和标配,5G、大数据、人工智能在互联网中的应用给传媒业带来了革命性变化。大数据不仅颠覆了传媒产业的传统架构,还加速推进了传统媒体与新兴媒体的融合,并在此基础上形成了基于大数据的互联网传媒生态。面对大数据和算法等新兴技术,传媒经济领域面临着诸如传媒企业如何对其进行高效应用,传统媒体行业如报纸和电视,如何调整自身的内容生产和发布渠道策略等问题,这些都具有很强的现实意义,需要进一步借助传媒经济学相关理论,在研究中进行深入探讨。

二、智媒时代下传媒经济的研究维度

(一)技术更迭成为研究热点

传媒业的发展是建立在技术进步基础上的,技术直接影响着内容的制作、分发和传播,每一种新的传播形态的出现,都是源于新传播技术或者新的传播技术使用方式的出现,各种独立发展的媒体形态之所以能够实现融合,也是因为技术发展催生了统一的媒体数字信息平台,打破了传统的媒体技术区隔[5]。媒体领域是直接反映互联网新技术的领域之一,一个由5G、大数据、人工智能、4K、VR/AR共同编织的技术网络,正推动传媒产业和人类社会进入一切皆媒的新时代。作为新一代数字技术革命的代表,5G网络具有大容量、高速、低延迟等优点,充分支持大量智能设备接入超级物联网,支持对数据传输速率有严格要求的各种VR和AR设备,实现用户上传下载接近零延迟的良好体验。

生物识别技术使得刷脸支付已经被应用,支付领域成为在技术推动下变革最迅速的应用场景之一;人工智能高级文本分析技术创新了媒体内容生产方式;区块链技术通过共识机制与智能合约赋能传媒产业,而传媒产业在新闻、影视等领域的应用诉求又能反哺区块链技术的发展;这意味着连接一切、万物皆媒、用户感知体验高度优化的高维传播系统正在建立。

在以5G"高速公路"为代表的数字化技术革命下,全新的下一代互联网正在生成,传媒平台演化在空间扩张、智能高维两个向度发展,涉及传媒内容生产、机器智能写作、传媒系统运维、传媒资源配置、用户行为分析、用户体验优化、传媒精准营销、可穿戴设备实现人机交互与万物链接等领域。对于数据和技术的应用与发展的讨论成为媒介经济领域讨论的热点话题。

(二)受众议题受到持续关注

数据和融媒时代受众的使用习惯发生了翻天覆地的变化,技术的变革颠覆了受众的角色,也使之成为传媒经济研究的重心。过去的几十年中,对传媒经济管理的战略定位经历了从"内容为王"到"渠道为重"的变迁。在数据时代,伴随着大数据、人工智能和 5G 等技术引领的产业升级，这种战略定位将进一步让渡到"受众为先"，传媒商业竞争已然从以市场为中心转变为以用户为中心。在充分连接用户的基础上，必须以用户为中心，通过科技赋能和商业模式创新，通过更加底层和更加深度的介入来推动产业升级，实现对用户需求的满足，完成从连接到深耕的升级，从而更新和重塑用户生态关系。

以信息聚合、用户行为、社会关系网络为基础，技术服务于内容，基于算法的个性化推送是 Web 2.0 时代用户获取信息的典型表现。一方面，5G 时代，流量（用户）在 BAT 平台上将成为富余资源，这些平台型媒体提供的流量资源会变得越来越"廉价"，因此，传统媒体在转型中获取用户的成本会大大降低；另一方面，传统媒体也可以通过自身的独立端口获得属于自己的"私域流量（用户）"。两者相济，那么原有的用户流失、渠道中断等问题会得到大大改善。在这种情形下，对用户的精准管理便成为未来发展中的重中之重，这其中，既要解决数据库管理中的用户精准洞察与把握（包含其社会特征、生活形态、价值观念、社群交往、行为结构等），同时，还要解决自身的内容与服务在同用户连接时的一系列问题。以人工智能和大数据为基础的算法推送新闻节约了用户大量的选择时间，避免在新闻客户端中陷入信息的海洋中不能自拔。算法推送直接越过"把关人"，更加接近于新闻的私人定制，用户对新闻的需求呈现更多个体化和差异化特征[6]。受众对传媒产品诉求的变化、传播方式的变迁和技术的变革等都使传媒受众研究成为一个更加复杂、更加多元、更加丰富的议题，吸引着学者和业界的持续关注。

（三）产业升级主导研究径路

随着互联网人口红利的触顶，与互联网业务相关的传媒细分领域（如互联网广告、在线游戏等）发展逐渐趋于平稳，增长速度有所降低,而如报刊、电视等传统媒体领域广告收入持续下滑,再加上整个经济及市场环境的影响,传媒产业整体呈现增长阶段性放缓态势。现如今,数字媒体、移动终端不仅促使人们改变了媒介接触习惯和社交方式,还影响着传媒公司与受众的关系,这两者的关系也发生了质的改变,所以要对内容售卖方式实行变革,包括对经济控制权的变革、对成本控制的变革等等。这一时期传媒经济研究以"媒体融合"与"智能升级"为核心议题。

数字技术的使用为传媒创新与创业提供了便利,而快速变化的传媒环境也使创新创业成为传媒组织应对挑战的重要战略。随着传媒产业愈来愈具特色,随着市场因为重要的生产和分销技术的整合而继续分化,更多的变化正在并将继续发生。这些变化引导着传媒公司越来越多地从事跨媒体的活动,创造出活跃于多种媒体的传媒巨头。数字技术还对传统 IP 内容产业运用的固定模式发起挑战,使 IP 内容产业链形成巨大变革。通过数据库和开放内容生产的集成内容运营模式,内容运营打破了传统 IP 内容产业链单一、线性的传播模式,实现了技术驱动、用户驱动、产品驱动的创新发展,并持续不断地输出优质内容,实现价值分享的共赢。大数据提供了新的社会研究范式,不仅能获取有形商业资本,也能集聚无形的情感力量,为 IP 内容产业提供广阔的现实发展路径与未来发展方向[7]。

当前,数字经济的发展已上升至国家战略层面,数字经济已经渗透至经济、社会发展的诸多领域,是经济转型发展的重要突破口、改造经济发展模式的主导力量。数字化的改变在传媒产业中体现得尤为突出。全民数字化素养不断提高,传媒企业朝着信息驱动化发展。借力通信技术、大数据、云计算、智能终端等,互联网技术对传媒产业更深层次的改造还在继续。优化算法、优化服务,稳定现有用户,挖掘潜在用户,将离线用户在线化,将原有的商业链延展到更加开放、价值协同的环境下,这中间富含商机,即对于大多数企业来说,谁能创造出一个有持续互动能力的新的产品和服务方式,谁就有可能是下个风口的领航者。围绕着传媒产业的延展和升级,传媒经济的研究视角得到持续开拓。

三、智媒时代下传媒经济学科的空间拓展

(一) 延伸传媒经济边界

回顾新闻传播学科的成长史,媒介技术无疑成为整个学科成长的关键因素:印刷技术的发展促使廉价报纸的诞生,大众传播由此起步;无线广播技术的发展促进广播电视的诞生,声音与影像传播不再是障碍;互联网的发展打破了线性传播的轨迹;社交媒介的崛起打破了机构传播的垄断;而以 5G 为依托的物联网的普及,将置个人于更纷繁庞杂的信息系统之内,信息流、资讯源、对话者都将不复从前,依托技术的发展,互联网所链接的因素越来越多,必然导致整个传播领域重心的改变、规则的改变。5G 环境下数字化媒介,由于链接了更多重的物理因素、社会因素、生理因素、心理因素,一定是一个更为复杂的系统,这就要求我们用复杂性的观念、复杂性的逻辑、复杂性的范式去把握新传播领域的现象本质。

与此同时,在新闻传播学科与信息科学、计算机科学无限交融汇合的今天,新闻传播学仍然要找到自己的特长和领域,信息的"机器逻辑"与"人的逻辑"的不同导向,或许可以成为学科分野的关键,也是传播学科在迷失于巨大信息系统研究中的回溯原点。信息科学、计算机科学依托技术的发展带来的信息系统的无限扩容和增值,是新闻传播学科边界得以扩展的重要支撑,但与其他学科相区别的是,人的介入,依托于人对信息的

认知、使用、创造、治理等心理与行为,是区分信息与新闻,比特与符号,场景与意义、价值的关键要素,也是新闻传播学科的立命之本[8]。概言之,传媒经济学从来没有像今天一样面临着扩容、重构的革命性任务,我们必须认识到技术逻辑对于学科体系构建的基础性结构作用。

区块链、大数据、云计算、人工智能、5G 等一系列的新的技术、新的领域,并非靠累积和学习能够解决,这个问题的最好解决办法就是,不同领域之间,基于彼此之间的理解,基于彼此之间的互融互通,形成一种协同与整合。5G 开创性地将人与机器全部纳入实时互动的信息网络系统之中,从根本上重塑新闻传播学科几大基本要素,将原本计算机科学领域的数据、算法、机器学习等系统性要素融入学科视野。在学科边界大幅度扩展的同时,我们必须重构学科构架,在更为清晰的边界之内建立核心研究领域。

(二)推进学科制度化发展

新媒体背景下,作为一种学科,传媒经济要随着实践的发展及外部环境的变化而与时俱进。因此,加强此方面的学术研究变得尤其重要。新媒体技术使原有的传媒产业边界不复存在,进而也使传媒经济学科面临升级换代的压力。当前,传媒技术在变革,传媒产业在转型,传媒经济也处于变动中,这些都给传媒经济带来很大的不确定性,同时,也给传媒经济研究提供了鲜活的议题,推动传媒学科更新换代。在进行传媒经济学科研究时,要求研究者根据目前现状,以开放的心态研究新情况、解决新问题,以满足当前传媒经济发展的需要,在吸收新方法、新范式、新思路的基础上,推进学科制度化发展,完成学科版本升级。

学科的制度化是指学科知识生产和传播中的标准化、结构化、系统化。学科建构过程包括知识的系统化和知识运行的制度化两个层面,首先是遵从知识发展的演化逻辑,沿着"问题研究形态—研究领域形态—基本研究范畴形态—学科形态"的演化路径建构学科;其次是当学科完成知识空间的系统化之后,才形成学科的制度化。学科制度化的首要任务,是建立学科的知识运行机制,对学科的知识领域和价值标准提出要求,对学科的知识生产方向、生产过程和生产结果施加影响。一旦学科形态得以确立,就会按照知识与制度的双重逻辑运行,分别形成内在机制和外在制度两种旨在确保学科同一性的规范性力量。

学科制度化过程包括学科职业的制度化、学校与训练的制度化、研究的制度化、交流沟通的制度化。通过不断的制度化,学科知识形成一种知识传统、思想传统或研究纲领,划定自身的研究边界,获得社会层面的建构。因此,学科的制度化应从两个维度进行评判:一方面是学术研究是否制度化,包括学术共同体是否形成,研究机构和专业期刊是否具备,学科研究范式是否确立;另一方面是学科教育是否制度化,包括学科体系是否建立、教育组织和机构是否完善、课程设置和教材是否形成核心框架[9]。

(三) 传媒经济学科的教育实践

2002 年,传媒经济学正式成为新闻传播学下面自主设立的二级学科,传媒经济研究迈入了学科成型期。这一时期,传媒经济研究不仅在学术成果的数量和质量上都有了飞跃式的发展,学者们也积极投身于传媒经济教科书的编撰与出版工作。如吴信训、金冠军、李海林所著《现代传媒济学》于 2005 年出版,张辉锋所著《传媒经济学》于 2006 年出版,周鸿铎所著《传媒经济学教程》于 2007 年和 2011 年出版,卜彦芳所著《传媒经济学:理论与案例》于 2008 年出版,喻国明所著《传媒经济学教程》于 2009 年出版等[10]。除了传媒经济学研究的发展,在中国,传媒经济学的教育也得到加强。许多大学已开设介绍传媒经济学的课程。很多学校还鼓励新闻、管理或经济学专业的学生进行跨学科学习,以此使经济学、管理学和传媒学融为一体。这一领域的学者与实践管理者都纷纷呼吁采取新的办法、新的视角、新的范式来革新新闻教育与传媒产业的发展。具体到传媒经济教学模式的改革,学者关注的议题还包括:在传媒格局加速升级的时代,如何培养、训练卓越的传媒经理人与领导者;教育工作者如何调整教学课程设计,以确保受教育者能够全面认识传媒整体格局,并且通过战略系统设计使企业得以持续发展;当前的传媒管理课程与传媒业务之间的相关性如何,应采取何种措施加强二者关联等[11]。

传媒经济学作为一门交叉性学科,受益于许多其他学科研究的深度和广度,但由于传媒领域的发展变化太快,传媒经济学的理论体系和研究方法也面临着新的挑战。在传媒经济教学领域中,模式和框架距今已经久远,不能完全解释当今传媒经济发展规律和传媒市场变革现状,教学与学习工具越来越显得同当前市场脱节。在"人人皆媒"的社交媒体时代,传媒市场表现出显著的流动性、模糊性和不确定性,这些发展正在加速全球传统传媒业的转型,并在传媒业内引发了更多的资本动荡。为此,这些需求已经促使在新闻和传媒教育方面更加强调经济学。

四、结语

媒介技术对传媒经济产业的影响不止于表象改造,更是在多重互动中打造了一个多维的"复合空间"。此"复合空间"并非简单由技术建构的、仅涵括物理空间和虚拟空间不断融合的社会现实,而是基于"工具/移动界面""主体/身体('人机复合体')""关系/社会交往"三个"层级/要素"共同作用下的产物。在此基础上,三者通过移动性这一关联逻辑耦合起来,处于立体的、动态的、不可分割的相互连接之中,最终构成作为有机整体的"复合空间"[12]。5G时代实现了从人与人之间的通信走向人与物、物与物之间的通信,实现万物互联,传播进入智能媒体时代,它会极大地推动传媒转型与社会的变革和发展。

当然,大数据、算法等新兴科技在传媒组织中的应用并非毫无缺点,如对大数据越来越依赖也引发了许多重要的公共利益问题,以及由数字化的结构特性锻造的新闻生态不平等,业界与学界关于互联网发展进入下半场的讨论已趋于一致,即互联网发展上半场的经济模式是对流量资本的争夺,拥有顶尖的技术和充裕的资本就会占据竞争优势。进入互联网发展的下半场,流量至上的互联网逻辑发生了转变,公众已逐渐褪去对算法、人工智能等的技术崇拜,开始反思工具理性和价值理性的辩证关系,并最终回归到对人本身的尊重和价值关怀上来。技术与人性实为互弈互构的关系,它既可以服务和服从于人类的需要,当它异化成人类的对立物的时候,也可能对人类造成巨大的伤害,这是已经被反复证明了的事实[13]。因此,需辩证地看待技术与社会以及技术与人类之间的关系。

40年来,传媒经济学的学科地位不断提高,传媒政策与技术力量的不断更新、应用以及与其他要素之间的交织共演,直接推动了传媒经济研究的发展。从大众传播时代到固网时代、移动互联时代,再到即将来临的5G时代与物联网时代,每一次技术变革都引领了传媒业的新一轮渠道生态扩张与经营模式升级,推动着传媒经济研究的主体与范围不断延展。作为一门交叉学科,传媒经济学不仅在学科融合的背景下吸收了传播学、经济学、管理学等学科的研究方式,而且保持着对传媒行业现实的深刻关切。在互联网技术快速迭代的现实语境下,传媒经济产业发展和传媒研究都将进入深度繁荣期,我们要立足于媒体融合升级的媒体实践,观照并发掘中国传媒经济产业中的具体问题和困境现实,调适复合空间多主体互动过程中相互博弈的复杂关系,运用先进的智能媒体技术提高产业合作及效率,培育辩证客观的技术观和互联网思维,创新业务形式和产业模式,不断加大学科人才培养的投入,持续创新媒体经济的研究议题与理论范式,拓展学科价值。

注释

[1] 卜彦芳:《数字生态系统:全媒体传播的市场图景》,《现代视听》2019 年第 7 期。

[2] 中国信息通信研究院:《5G 经济社会影响白皮书》,来源:http://www.imt-2020.org.cn/zh/documents/download/51,2017-06。

[3] 喻国明:《互联网发展的"下半场":传媒转型的价值标尺与关键路径》,《当代传播》2017 年第 4 期。

[4] 新华社:《华为在世界电信展发布〈5G 应用立场白皮书〉》,来源:http://www.xinhuanet.com/2019-09/11/c_1124986406.htm,2019-09。

[5] 严三九:《技术、生态、规范:媒体融合的关键要素》,《学术前沿》2019 年第 3 期。

[6] 郝雨、李林霞:《算法推送:信息私人定制的"个性化"圈套》,《新闻记者》2017 年第 2 期。

[7] 段淳、林吕笑:《"大数据+"与 IP 内容运营及价值分享》,《现代传播(中国传媒大学学报)》2017 年第 4 期。

[8] 喻国明、曲慧:《边界、要素与结构:论 5G 时代新闻传播学科的系统重构》,《新闻与传播研究》2019 年第 8 期。

[9] 张金海、秦祖智:《中国传媒经济学理论体系的建构思路》,《当代传播》2015 年第 3 期。

[10] 张金海、秦祖智:《中国传媒经济学理论体系的建构思路》,《当代传播》2015 年第 3 期。

[11] 杭敏、周长城:《竞合与博弈:数字时代的传媒经济与传媒管

理——第十二届世界传媒经济大会的议题与启示》,《新闻与写作》2019
年第 5 期。

[12] 蒋晓丽、朱亚希:《移动网络时代"复合空间"生成的层级要素及
其耦合逻辑》,《南京师大学报》(社会科学版)2019 年第 2 期。

[13] 丁和根:《努力推动技术与人性的良性互构》,《现代视听》2018
年第 11 期。

The Theoretical Value, Research Dimension and Discipline Space of Media Economics in the Age of Intelligence Media

ZHANG Yan

Abstract: Driven by the technological revolution, the media economy is facing great changes, 5G, big data, VR/AR driven media economic transformational technologies such as boundary, elements, as well as the structure change, under the new background of ecology, new forms of media economics research perspective and research paradigm, adjustment and converted to focus, this article will analysis technology in the era of intellectual media economics industry development situation faced by the media. On this basis, the theoretical value, research dimension and discipline expansion space of media economics are further explored.

Key words: The Age of Intelligentmedia; Media Economics; Discipline Construction

学科建设背景下的传媒经济本质研究

张 培

摘 要 作为传媒经济学研究的一个基本问题,什么是传媒经济的本质,长期以来众说纷纭。这主要由媒体经济在不同时代面临的社会情境变化以及传媒自身形态、性质等发生变化所致。随着新媒体的发展,对"用户经济"理论价值重新评估,有利于进一步认识传媒经济的规律。首先,用户是传媒经济的重要战略资源;其次,"用户经济"包含了传媒经济学中经济学与传播学的共有要素,体现了交叉学科的特征;再次,新媒体时代,用户在传媒经济活动的核心地位愈发凸显。在围绕用户需求开展的经济实践中,如何处理好满足需求与合理引导、经济效益与社会效益、用户赋能与算法围困等关系,也需要引起重视。

关键词 传媒经济本质 用户经济 新媒体

传媒经济学在西方从创建到发展、成熟,已有约70年的历史,目前已成为活跃的跨学科研究领域[1]。对于中国传媒经济研究的发展历程,有研究者分为初步开拓期(20世纪70年代末到80年代末)、积累成长期(20世纪90年代)、快速推进期

作者简介 张培,男,南京大学新闻传播学博士研究生,泰州日报社编委,主任编辑。研究方向:传媒与公共政策。电子邮箱:tzwbzp@126.com。

（2000 年至 2008 年）、深化繁荣期（2009 年至今）等四个阶段[2]；亦有学者将其分为"破冰"（1949—1978 年）、"重启"（1979—1990 年）、"活跃"（1990—2000 年）、"系统化"（2000—2010 年）再到 2010 年后转入"下半场"等五个发展阶段[3]。在此期间，虽然中国传媒经济研究在学术范式、理论体系、研究方法和学科体系等方面均有较大提升，但学科理论体系仍未成熟。特别是对于一些基础理论问题的研究，还有待深化。比如，对于"传媒经济的本质是什么"这个传媒经济研究的基本问题，长期以来一直没有定论。这些基本问题如果迟迟不能达成共识，不仅难以对传媒经济实践形成有效的理论支持，也不利于推动传媒经济学科的建设和发展。基于此，本文在学科建设和新媒体发展的背景下，结合既往相关研究，对传媒经济本质问题再作进一步探讨。

一、我国传媒经济学学科建设的三大问题

我国传媒经济学在学科建设方面，目前存在三大突出问题有待解决。

（一）学科定位尚存争议

关于传媒经济学是否属于经济学科，曾引发学界激烈争论。一种观点认为传媒经济学不是经济学。如，周鸿铎认为，传媒经济学是一门"交叉的边缘学科"，虽然"包含着许多经济学方面的问题"，但就其本质还是"应用传播学中的一门新兴学科"[4]。另一种观点则认为传媒经济学属于经济学。如，支庭荣等认为，传媒经济学属于经济学科，只不过"还不是一门成熟的经济学分支"[5]。

总体来看，大部分研究者认同传媒经济学属于经济学这个观点，但对于传媒经济学在经济学中的定位又难以形成广泛共

识。大体有三种观点：(1) 认为传媒经济学属于经济学与传播学的交叉学科。如，昝廷全认为，传媒经济学是新闻传播学和经济学的交叉学科，是一门综合学科[6]。崔保国也认为，就学科分类而言，传媒经济学属于新闻与传播学科的分支学科，同时也是经济学研究的一个新领域，这是一个交叉学科[7]。(2) 反对将传媒经济学看作经济学与传播学的交叉学科。如，潘力剑认为传媒经济是个经济问题，因此，传媒经济学也就不可能是新闻传播学下面的应用学科。他认为把传媒经济学看作交叉学科，是混淆了"传媒"和"传播"这两个不同概念，把"传媒经济学"当成了"传播经济学"[8]。谭天也持类似观点，认为新闻传播学解决的是传媒的意识形态问题，而经济学解决的是传媒的经济问题，这二者"分工明确，泾渭分明"[9]。(3) 主张淡化传媒经济学的学科归属问题。如，支庭荣等认为，"传媒经济研究位于多个学科的交叉地带"，对于其学科归属，不必拘泥于条条框框，"只要有利于解释现象和问题，各种研究取向都是可以'百家争鸣'的"[10]。

(二) 研究范式有待统一

按照库恩的观点，一门学科要成为科学，必须形成相对稳定的范式。"明确和创新研究范式是我国传媒经济学研究需要致力解决的核心问题"[11]。而反观传媒经济学，长期以来，围绕范式问题一直有不同观点。能够达成共识的是，传媒经济学的研究范式理所当然要包含经济学范式。如，潘力剑认为微观经济学和产业经济学是传媒经济学的研究范式[12]。曾琼等则将经济学范式视为传媒经济学的主导研究范式，在此基础上再细分为微观经济学、中观经济学和宏观经济学三种具体范式[13]。

但也有学者并不局限于经济学的研究范式，主张将管理学以及其他相关学科研究范式也一并纳入。如，喻国明等将管理学和政治经济学纳入其中,其研究范式包括市场范式、企业范式、社会范式三种,分别对应着微观经济学、管理经济学和政治经济学三种研究视角[14]。崔保国提出,传媒经济学研究有经济学、管理学和传播学三大研究范式。其中,经济学研究范式主要用微观经济学、宏观经济学和产业经济学的方法研究,管理学范式主要用管理学的方法来研究企业、市场和消费者,传播学范式主要用传播学研究和传媒研究方法,重点关注媒介形态、媒体业态和传媒生态[15]。不过,有的学者反对将传播学纳入传媒经济学研究范畴。谭天认为,新闻传播学解决的是传媒的意识形态问题,而经济学解决的是传媒的经济问题。因此,以经济学为主导的传媒经济学研究仅限于传媒产业经济学和传媒管理经济学两个学科,主要研究范式也只限于这二者。至于传播政治经济学,则不能算传媒经济学,"只能是传媒经济学研究的一个'校正器'"[16]。正如曾琼等指出:"从既有的研究来看,无论是在理论认知层面还是在具体研究实践层面,传媒经济学研究范式的核心问题在此一领域中并未达成共识。"[17]

（三）研究进路尚不确定

所谓的研究进路,既指"方法、步骤",也包含"从何进入,如何入手"之意[18]。对于我国传媒经济学研究的现状,有学者用"五花八门"和"战国时代"来形容其乱象。比如,有学者提出"五种研究进路"说,包括:(1)致力于传媒经济学学科体系的建构;(2)将新经济理论引入传媒经济研究中,提出传媒竞争力、传媒影响力等概念;(3)通过对传媒产业的数字化描述,试图做出传媒产业走势的判断;(4)对我国传媒经济发展热点问题的关注与研究;(5)对跨国传媒与国外传媒经济的介绍和研究[19]。也有学者提出"两种研究进路"说,即:(1)把传媒产品作为传媒经济研究进路,首先应该关注"新闻媒介生产什么、如何生产、为谁生产";(2)关注传媒稀缺性问题[20]。还有学者

以传媒再生产系统作为切口,提出"三种研究路径"说,即:
(1)基于传媒机构的进路,重点关注传媒机构的产品和服务生产;(2)基于效用对象的进路,重点研究效用对象的稀缺经济资源;(3)基于传媒机构与效用对象之间的交换"关系"的进路[21]。此外,针对新媒体经济的快速发展,还有学者提出,对于我国传媒经济中的各种关系的研究也是一个重要进路[22]。

上述研究领域存在诸多争论或分歧,暴露出传媒经济学尚未发展成为一门较为成熟的学科。不够成熟的原因固然与传媒经济现象过于复杂,难以为主流经济学家提供合适的研究场域有关;也与不少研究者热衷于为政策决策服务,缺乏学术研究的独立性和深刻性有关[23]。这些问题倘若不能在学术共同体内形成相对明确和统一的阐释,将不利于传媒经济学的发展与繁荣。

二、关于传媒经济本质问题的争论

传媒经济学的主要目的是探讨与把握传媒经济运作规律,更好地指导实践,因此,对于"传媒经济的本质是什么"这一问题的研究,构成传媒经济运作的逻辑起点[24]。然而,长期以来,这一问题却成为悬而未决、争论不休的话题。虽然有多位研究者从不同角度探讨传媒经济的本质,对于我们深化理解传媒经济学有所助益,但迟迟未能形成统一认识,也反映出传媒经济学在基础理论研究方面仍有待深入。

(一)传媒经济本质问题之争

关于传媒经济的本质问题,国内学者最初普遍认同"注意力经济"说。有学者将有关传媒注意力问题研究的最早源头,追溯至美国传播政治经济学学者达拉斯·斯麦兹[25]。斯麦兹早在1951年就提出了受众商品论的观点,认为"商业大众传播媒介的主要产品是受众的人力(注意力)"[26]。20 世纪 60 年代,加拿大传播学者麦克卢汉也注意到了观众的注意力问题,认为对于电视台而言,观众观看电视就是一种资源,电视台将这种资源转卖给广告商从而获利[27]。1971 年,诺贝尔经济学奖获得者赫伯特·西蒙提出"信息的丰富导致注意力的贫乏,因此需要在过量的可供消费的信息资源中有效分配注意力"。1997 年,美国学者米切尔·高德哈伯发表论文《注意力经济——网络的自然经济》,成为注意力经济学派的开山之作[28]。

不过,也有部分学者发现"注意力经济"并不能很好地解释一些传媒经济现象,比如,为何那些最受广告商青睐或最具广告(或市场)投资价值的媒体,常常并非那些收视率或发行量最大的媒体?[29]进而对"注意力经济是传媒经济的本质"的观点产生怀疑,认为"注意力经济"概念并不科学,"因为它是从受众角度着眼,而不是从企业角度着眼"[30]。曹鹏转化了研究视角,提出媒介企业的经济效益取决于其影响力大小,而非注意力资源[31]。对此,喻国明也持相同观点,他明确指出:"影响力经济"才是传媒产业经济的本质,并进一步解释,这种影响力的价值在于"能够在多大程度上保持它对于其目标受众的影响,并且这种对于受众的影响力能够在多大程度上进一步影响社会进程、影响社会决策、影响市场消费和影响人们的社会行为"[32]。

但"影响力经济"说也并不能令其他学者信服。比如,汤李梁就认为"影响力经济"理论存在"概念逻辑模糊不清""难以从更深层次说明传媒广告服务的价值根源"等问题。他提出,传媒产业经营着内容和注意力两种资源,提供内容和广告两种服务。内容服务的本质是版权经济,广告服务的本质是注意力经济,因此,传媒产业的经济本质是包含版权经济和注意力经济的"双重内涵经济"[33]。

谭天也注意到了传媒经济产品作为一种精神产品的特殊属

性,他指出,人们消费的传媒产品"不只是信息,而是信息里所包含的内容、文化和意义","意义"是媒介产品的本质和价值所在,因此,传媒经济是一种"意义经济"[34]。陈鹏沿着上述研究思路,在对"注意力经济""影响力经济""舆论经济""意义经济"等传媒经济本质论的发展脉络进行一番推演归纳后,提出在内容和渠道创新基础上的"吸引力经济"是传媒经济区别于其他经济的根本特质[35]。

此外,还有学者基于媒介的功能和影响力,提出媒介经济的本质是一种"权力经济"[36]、"社会资本"[37]等。

近年来,新传播技术的快速发展和广泛应用对传媒经济产生了深刻影响,这让研究者重新审视传媒经济的本质问题。例如,喻国明等认为,传媒经济在传统媒体时代是以规模经济为主体形态,而在互联网时代,以传媒平台为中心,整合其他社会关联资源,创造更多价值的"集成经济",将成为未来传媒产业的主流经济形态[38]。王庆凯从媒介变迁角度分析认为,在移动互联网时代,传媒经济本质上是一种"用户经济"。用户时代的到来,预示着传媒经济从注重内容生产到注重用户服务的转变[39]。郑青华也注意到互联网时代传媒经济实践的显著变化,他认为"连接"成为传媒经济与社会活动的基础和前提,因此,提出"连接经济"是传媒经济的本质[40]。党明辉则把"流量经济"纳入注意力经济理论中,重新探讨当下的传媒经济问题,认为注意力经济理论在互联网时代仍具有强大的解释力[41]。

(二)传媒经济本质论推演的逻辑脉络

对于传媒经济学的研究,有学者提出可从传媒机构、效用对象和交换"关系"三条进路来切入[42]。如果按照这样的进路来梳理关于传媒经济本质的研究,我们可以把"注意力经济""用户经济""流量经济"等观点归入基于效用对象的进路,突出以需求者为主体;"影响力经济""舆论经济""意义经济""吸引力经济""权力经济""社会资本经济"等观点可归入基于传媒机构的进路,强调以传媒机构及其产品为主体;"连接经济""集成经济"等可归入基于交换"关系"的进路,突出传媒机构与效用对象之间互为主客体的关系。

也有研究者基于资源的稀缺性来推演传媒经济本质的认识过程[43]。沿着这样的逻辑,可以形成如下推演:当信息稀缺时,传媒经济的本质是"信息经济";当信息爆炸而渠道稀缺时,传媒经济的本质是"渠道经济";当渠道过剩,人的注意力成为稀缺资源时,传媒经济的本质是"注意力经济";当经过多重"选择性注意机制",影响力稀缺时,"影响力经济"成为传媒经济的本质;当舆论力量在众多影响力因素中成为稀缺资源时,"舆论经济"是传媒经济的本质。传媒产品的消费主要是消费信息产品的意义层面,作为精神内容的意义具有稀缺性,因此"意义经济"成为传媒经济的本质;媒介竞争的核心要素是创新力和吸引力,因此内容与渠道创新基础上的"吸引力经济"成为传媒经济的本质。

总体来看,上述关于传媒经济本质的各种观点,大多是以媒体机构及其媒介产品为中心,关注的是"媒介产品所能吸引的注意力资源以及这种注意力资源引发的实际购买行为"[44]。

三、对"用户经济"理论的再讨论

如果说,在传统媒体时代,作为信息产品消费者的受众,"个人需求还处于'混沌'的状态之中",未受到应有的重视和个性化的满足[45],随着新媒体技术的发展,这种专注于产品本身的传媒经济实践显然无法适应新的发展需求。以互联网为例,Web 1.0时代的口号是"内容为王",以内容来吸引眼球,而Web 2.0时代是UGC(用户生产内容)的时代,内容则成为人们延伸自己在网络社会关系的纽带,"内容为王"转变为"关系为王"[46]。这进一步凸显了用户在传媒经济中的重要地位。因此,我们有必要从用户这一视角来重新思考传媒经济问题。

(一)"用户经济"理论的解释力

透过新媒体这个"后视镜",我们能够更清楚地发现,用户在既往传媒经济研究中的重要性一直被或多或少地遮蔽了。重新评估"用户经济"理论的价值,有助于我们进一步认识传媒经济的规律。

首先,用户是传媒经济的重要战略资源。用户经济的核心是以用户为中心。在"注意力经济"理论中,注意力的主体是人,人的注意力是信息丰裕时代的稀缺资源。"意义经济""吸引力经济""舆论经济""双重内涵经济"都反映了生产者试图通过提升传媒产品质量,以获得用户的更多注意,满足用户的多种需求,进而获得经济效益最大化。"权力经济""社会资本经济"等虽然凸显了传媒机构自身的资源优势,但这种优势资源在经济活动中,必须得到用户的认可才会产生效力。"连接经济""集成经济"强调的虽然是新媒体时代传媒发挥平台作用,但其出发点依然是更好地服务于用户需求。例如,"连接经济"的观点就是将媒介机构视为连接的中介或节点,突出以用户为中心,通过广泛吸纳外部资源为用户创造价值[47]。

其次,"用户经济"包含了传媒经济学中经济学与传播学的共有要素,体现了交叉学科的特征。按照目前大部分学者的观点,传媒经济学是经济学与传播学的交叉学科。"为谁生产"是经济学中的一个基本问题,而受众研究也是传播学中的重要问题,"传媒经济学作为一门社会科学,中心问题必然是研究人,研究不跟人发生关系的媒体是没有意义的"[48]。作为经济学与传播学的交叉学科,传媒经济学必然要重视用户研究,因为受众需求成为一切传媒经济活动的起点,也是一切传媒经济活动的归宿[49]。

再次，新媒体时代，用户在传媒经济活动的核心地位愈发凸显。在受众时代，传媒经济学主要研究媒体企业如何为消费者提供内容产品和服务产品以及为广告商提供与消费者交流的平台[50]。随着互联网技术的发展，受众时代转向用户时代，用户的需求不再满足于信息、知识的获取，也有参与生产和传播以及体验、社交等方面的需求。特别是在 Web 2.0 时代及移动互联网时代，用户集生产、传播和消费于一身，并在这三个环节创造经济价值，成为连接传媒经济活动的核心[51]。"关系赋权"成为互联网时代传媒价值力重新建构的一种新范式，以用户为中心形成的关系网络改变了原有的媒介消费模式。例如，用户社群形成了规模可观的"社群经济"[52]。而从传媒方面来看，积极应用算法分发和人工智能等新技术，"无论创意设计、生产组织、产品定位、营销模式，还是支付手段，其核心目标都是聚集于个性化需求的满足"[53]。

而伴随移动互联网传播的发展，场景成为继内容、形式、社交之后媒体的另一种核心要素[54]。有研究者进一步提出，场景力已经成为移动时代传媒的核心竞争力[55]。所谓场景力是指传媒组织创造传媒产品场景价值的动态能力。传媒组织无论是其从用户实际使用角度出发形成的场景适配能力，还是与受众建立深度连接的能力，都是将用户纳入价值创造主体范畴，体现了用户的主体地位。

（二）"用户经济"与三对关系

传媒经济具有不同于一般经济活动的自身特点，比如，传媒经济具有经济属性和社会属性；传媒产品和服务既是物质产品，同时也是精神产品。因此，对于围绕用户需求开展经济活动的"用户经济"而言，如何处理好以下三对关系，也是亟待予以重视的问题。

第一,满足需求与合理引导。需求是一切经济活动的起点,也是经济活动的动力之源。传媒经济活动基于它对用户需求的满足。一方面,从传统媒体时代的"内容为王",靠优质信息资源满足受众信息需求,到互联网时代的"产品为王",强调对受众需求的综合满足,再到移动互联网时代的"关系为王",满足用户链接社会关系的需求,传媒的服务总是伴随着新技术的升级而升级,用户需求的满足程度也不断得以提高。另一方面,用户的需求具有两面性,"传媒经济中的行为主体——人在信息的分享和消费过程中并不是那么'理性'的"[56],特别是在互联网成为主体传播平台的新媒体时代,"消费意愿开始脱离欲望驱使,被心理预期、社会环境和文化生态等因素影响"[57],其消费需求的非理性成分进一步加剧。正因如此,传媒组织不能为了追逐经济利益而一味迎合用户需求,甚至刺激欲望,诱导消费者非理性消费。传媒组织必须切实履行自己的社会责任,对用户的需求予以合理引导。

第二,经济效益与社会效益。传媒组织具有经济创收和舆论引导两种功能:一方面,经济效益的最大化成为衡量企业绩效和行业绩效的主要指标;另一方面,公共利益和社会效益也是传媒组织的重要使命,这种经济和社会的双重属性必然会产生冲突[58]。我们需要以辩证的眼光来看待和处理传媒两种功能之间的关系。除了矛盾和冲突,这二者之间也存在合作和互利、平衡与制约的关系[59]。片面追求经济效益,传媒就会丧失其社会价值;而良好的品牌形象和公信力、影响力,则会转化为经济资本和效益。经济功能也会对传媒在组织履行社会功能方面形成平衡和制约,促使传媒企业以用户为中心,以市场为导向,通过提供高质量的产品与服务来获得经济和社会的双重收益。

第三,用户赋能与算法围困。进入"大数据"时代,数据与算法得到广泛应用。一方面,用户的主体性地位得到进一步凸显。用户不仅是解码者,也是编码者,有更多机会参与传播过程;用户可以自我设置议程,让算法推送个人需求的信息;而多种声音的存在,也避免了媒体话语霸权[60]。另一方面,算法虽然提升了个人信息服务水平,但也带来诸多风险。譬如,算法的生成逻辑是基于"流量至上"的算法设计和基于用户画像的个性化推荐,易使用户陷入"信息茧房",被圈进自己建构的信息闭环中[61];算法中的偏见或歧视会带来用户社会资源和位置的不平等;算法也会对个体隐私权和被遗忘权等构成侵害[62];算法造成的信息茧房和群体极化,会导致价值观分化与社群区隔[63]。此外,也要警惕算法的运作黑箱与背后的利益操纵,及其对用户的全景监视[64]。这些问题都是当下传媒经济发展中遇到的新问题,虽然已经引起学界的关注,但如何妥善解决,还有待深入研究。

四、结语

对于传媒经济本质的认识,在不同时期出现了多种不同的观点,这些观点都各有一定的解释力,有其合理性,但也存在着局限性。这主要是因为随着社会的不断发展和传播技术的更新,媒体经济面临的社会情境以及传媒自身形态、性质等都在相应发生变化,与此同时,人们对传媒经济的发展规律的认识也在不断深化。随着互联网技术的快速发展,"用户经济"理论越来越显示出较强的解释力。用户需求是传媒经济活动的起点和归宿。传统媒体时代,因传播渠道的稀缺性,强调以媒体为中心,"内容为王",这在一定程度上遮蔽了用户的重要性;而到了互联网特别是移动互联网时代,受众转变为用户,强调"关系为王",用户在生产、传播和消费等各个环节发挥主导作用,创造经济价值,其在传媒经济活动中的核心地位愈发突显。基于此,传媒经济研究更加聚焦于"用户经济",对该理论的思考不仅有助于进一步把握传媒经济活动的规律,也有利于推动传媒经济学的学科建设。

注释

[1] 杭敏、[瑞典] 罗伯特·皮卡特:《传媒经济学研究的历史、方法与范例》,《现代传播(中国传媒大学学报)》2005 年第 4 期。

[2] 李洁、丁和根:《改革开放 40 年中国传媒经济研究回望与思考》,《传媒观察》2018 年第 12 期。

[3] 黄可:《与实践同行:新中国传媒经济研究 70 年(1949—2019)》,《新闻与传播研究》2019 年第 12 期。

[4] 周鸿铎:《传媒经济不是经济学科——我的传媒经济理论形成过程》,《现代传播(中国传媒大学学报)》2006 年第 1 期。

[5] 支庭荣、谭天、吴文虎:《传媒经济不是经济学的弃儿——与周鸿铎教授商榷》,《现代传播(中国传媒大学学报)》2006 年第 5 期。

[6] 昝廷全:《论传媒经济学与系统经济学之间的关系》,《现代传播(中国传媒大学学报)》2006 年第 2 期。

[7] 崔保国:《传媒经济学研究的理论范式》,《新闻与传播研究》2012 年第 4 期。

[8] 潘力剑:《传媒经济学的研究范式——传媒经济研究的一个基础问题》,《新闻记者》2004 年第 7 期。

[9] 谭天:《试论我国传媒经济的研究》,《暨南学报》(哲学社会科学版)2007 第 1 期。

[10] 支庭荣、谭天、吴文虎:《传媒经济不是经济学的弃儿——与周鸿铎教授商榷》,《现代传播(中国传媒大学学报)》2006 年第 5 期。

[11] 李洁、丁和根:《改革开放 40 年中国传媒经济研究回望与思考》,《传媒观察》2018 年第 12 期。

[12] 潘力剑:《传媒经济学的研究范式——传媒经济研究的一个基础问题》,《新闻记者》2004 年第 7 期。

［13］曾琼、张金海：《传媒经济学研究范式的再讨论》，《新闻记者》2015 年第 7 期。

［14］喻国明、丁汉青、支庭荣等：《传媒经济学教程》（第 2 版），北京：中国人民大学出版社，2019 年，第 15 页。

［15］崔保国：《传媒经济学研究的理论范式》，《新闻与传播研究》2012 年第 4 期。

［16］谭天：《试论我国传媒经济的研究》，《暨南学报》（哲学社会科学版）2007 年第 1 期。

［17］曾琼、张金海：《传媒经济学研究范式的再讨论》，《新闻记者》2015 年第 7 期。

［18］郭炜华：《传媒经济研究的进路——兼与〈传媒经学学的研究范式〉商榷》，《新闻记者》2005 年第 2 期。

［19］谭天：《试论我国传媒经济的研究》，《暨南学报》（哲学社会科学版）2007 年第 1 期。

［20］顾永波、殷晓蓉：《略论当前中国传媒经济研究存在的几个问题》，《新闻界》2008 年第 5 期。

［21］李宜篷：《传媒经济学研究的对象、方法与进路分析——对中国传媒经济学理论框架的建构研究》，《现代传播（中国传媒大学学报）》2012 年第 8 期。

［22］谭天、杨冬旭：《态势、议题与路径——互联网时代的传媒经济研究》，《新闻爱好者》2021 年第 2 期。

［23］支庭荣、谭天、吴文虎：《传媒经济不是经济学的弃儿——与周鸿铎教授商榷》，《现代传播（中国传媒大学学报）》2006 年第 5 期。

［24］郑青华：《连接经济：传媒经济本质的再阐释》，《新闻大学》2018 年第 6 期。

［25］陈鹏：《内容与渠道创新基础上的吸引力经济：传媒经济本质的另一种解读》，《新闻与传播研究》2014 年第 4 期。

［26］郭镇之：《传播政治经济学理论泰斗达拉斯·斯麦兹》，《国际新闻界》2001 年第 3 期。

［27］喻国明：《试论受众注意力资源的获得与维系（上）》，《当代传

播》2000 年第 2 期。

[28] 张雷:《经济和传媒联姻:西方注意力经济学派及其理论贡献》,《当代传播》2008 年第 1 期。

[29] 喻国明:《关于传媒影响力的诠释——对传媒产业本质的一种探讨》,《国际新闻界》2003 年第 2 期。

[30] 曹鹏:《"注意力经济"何以破产——媒介盈利模式剖析》,《传媒》2001 年第 12 期。

[31] 曹鹏:《影响力经济概念的提出与媒介核心竞争力简析》,《杭州师范学院学报》2002 年第 2 期。

[32] 喻国明:《关于传媒影响力的诠释——对传媒产业本质的一种探讨》,《国际新闻界》2003 年第 2 期。

[33] 汤李梁:《传媒经济本质的双重内涵——"影响力经济"再反思》,《国际新闻界》2006 年第 10 期。

[34] 谭天:《传媒经济的本质是意义经济》,《国际新闻界》2010 年第 7 期。

[35] 陈鹏:《内容与渠道创新基础上的吸引力经济:传媒经济本质的另一种解读》,《新闻与传播研究》2014 年第 4 期。

[36] 陈燕、杜远远:《浅论传媒经济是"权力经济"》,《新闻界》2008 年第 3 期。

[37] 陈力丹:《社会资本:理解传媒经济的新视角》,《新闻实践》2006 年第 5 期。

[38] 喻国明、樊拥军:《集成经济:未来传媒产业的主流经济形态——试论传媒产业关联整合的价值构建》,《编辑之友》2014 年第 4 期。

[39] 王庆凯:《用户经济:移动互联网时代的传媒经济新模式》,《西部学刊》2016 年第 1 期。

[40] 郑青华:《连接经济:传媒经济本质的再阐释》,《新闻大学》2018 年第 6 期。

[41] 党明辉:《注意力经济理论的再阐释——基于互联网"流量经济"现象的分析》,《中国网络传播研究》2018 年总第 14 辑。

[42] 李宜篷:《传媒经济学研究的对象、方法与进路分析——对中国

传媒经济学理论框架的建构研究》,《现代传播(中国传媒大学学报)》2012 年第 8 期。

[43] 陈鹏:《内容与渠道创新基础上的吸引力经济:传媒经济本质的另一种解读》,《新闻与传播研究》2014 年第 4 期。

[44] 党明辉:《注意力经济理论的再阐释——基于互联网"流量经济"现象的分析》,《中国网络传播研究》2018 年总第 14 辑。

[45] 郑青华:《连接经济:传媒经济本质的再阐释》,《新闻大学》2018 年第 6 期。

[46] 彭兰:《网站经营:从"内容为王"到"关系为王"》,《信息网络》2010 年第 5 期。

[47] 郑青华:《连接经济:传媒经济本质的再阐释》,《新闻大学》2018 年第 6 期。

[48] 崔保国:《传媒经济学研究的理论范式》,《新闻与传播研究》2012 年第 4 期。

[49] 燕道成:《受众需要是传媒经济活动的出发点》,《国际新闻界》2005 年第 2 期。

[50] 崔保国:《传媒经济学研究的理论范式》,《新闻与传播研究》2012 年第 4 期。

[51] 王庆凯:《用户经济:移动互联网时代的传媒经济新模式》,《西部学刊》2016 年第 1 期。

[52] 赵睿、喻国明:《技术驱动下传媒经济研究的转向与进路——2016 年中国传媒经济研究的热点、框架与逻辑演进》,《国际新闻界》2007 年第 1 期。

[53] 王雪野、郭立宏:《传媒变革与传媒经济发展研究》,《现代传播(中国传媒大学学报)》2019 年第 1 期。

[54] 彭兰:《场景:移动时代媒体的新要素》,《新闻记者》2015 年第 3 期。

[55] 刘茜、欧阳宏生:《场景力:移动时代传媒核心竞争力》,《新闻战线》2018 年第 1 期。

[56] 崔保国:《传媒经济学研究的理论范式》,《新闻与传播研究》

2012 年第 4 期。

　　[57] 王雪野、郭立宏:《传媒变革与传媒经济发展研究》,《现代传播（中国传媒大学学报）》2019 年第 1 期。

　　[58] 崔保国:《传媒经济学研究的理论范式》,《新闻与传播研究》2012 年第 4 期。

　　[59] 韩晓:《传媒的经济利益和社会责任》,《湖北省社会主义学院学报》2005 年第 3 期。

　　[60] 喻国明、杨莹莹、闫巧妹:《算法即权力:算法范式在新闻传播中的权力革命》,《编辑之友》2018 年第 5 期。

　　[61] 林爱珺、刘运红:《智能新闻信息分发中的算法偏见与伦理规制》,《新闻大学》2020 年第 1 期。

　　[62] 彭兰:《假象、算法囚徒与权利让渡:数据与算法时代的新风险》,《西北师大学报》(社会科学版)2018 年第 5 期。

　　[63] 王仕勇:《算法推荐新闻的技术创新与伦理困境:一个综述》,《重庆社会科学》2019 年第 9 期。

　　[64] 喻国明、杨莹莹、闫巧妹:《算法即权力:算法范式在新闻传播中的权力革命》,《编辑之友》2018 年第 5 期。

Research on the Essence of Media Economy Under the Background of Discipline Construction

ZHANG Pei

Abstract: As a basic problem of studying media economics, what the essence of media economy is has been discussed for a long time and a conclusion has not been drawn. This is mainly caused by the change of social situation faced by media economy in different times and the change of media's own form and nature. With the development of new media, the re-evaluation of the theoretical value of "user economy" is beneficial to further understand the law of media economy. First of all, the user is the important strategic resource of media economy. Secondly, "user economy" contains the common elements of economics and communication in Media Economics, representing the characteristics of cross-disciplines. Thirdly, in the era of new media, users play an increasingly important role in media economic activities. In the economic practice centering on user demand, how to deal with the relationship between demand satisfaction and reasonable guidance, economic benefit and social benefit, user empowerment and algorithmic siege, needs to be paid attention to.

Key words: Discipline Eonstruction; Essence of Media Economics; User Economy; New Media

中国传媒经济学研究的
总体态势和热点演变
——基于 CSSCI 论文的计量与
可视化分析(2011—2020)

陈袁博　张　婕

摘　要　本文运用 CiteSpace 工具对 2011—2020 年新闻学与传播学 C 刊中有关传媒经济领域的文章进行可视化分析,结果显示,目前传媒经济的学科建设基本完善,理论体系基本建立,研究团体逐渐壮大,整体上正处于稳步发展的状态。不过也存在一些明显的问题,如重现象轻理论,质性研究居多,实证研究较少,而且研究群体的新生代力量较弱,作者之间合作程度较低。此外,文献梳理呈现出传媒经济研究的新转向,即传统媒体到融合媒体的转向、单一媒介向多元化平台的转向、传统业态向新业态的转向。

关键词　传媒经济学　知识图谱　媒介融合　新媒体

引言

传媒经济学是一个多学科交叉的复杂知识体[1]。将广义

作者简介　陈袁博,女,南京大学新闻传播学院博士研究生。研究方向:传媒经济与管理。电子邮箱:2933954471@qq.com。张婕,女,南京大学新闻传播学院硕士研究生。

的媒介经济、媒介管理、媒介法规都纳入新闻传播学科[2]。我国传媒经济学的研究起步较晚,目前学界关于传媒经济学的研究大致可以分为三个方面:第一,关于传媒经济学概念的研究,包括其定义、内涵、外延等。喻国明等在《传媒经济学教程》一书中这样论述:"传媒经济是指由媒介的信息传播活动引发的相关经济活动和经济现象"[3]。崔保国认为传媒经济学是用经济学的方法研究传媒问题以及研究传播中的生产和消费问题的学问[4]。丁和根从"传媒经济学"本身的词义出发,既指出了中外学者运用"媒介经济学"与"传媒经济学"的原因和差异,又从中国学者的研究背景出发,分析了"传媒经济学"一词存在及发展的意义,并指出若使用"传媒经济学"的名称,则要把握好经济学的边界,不可因"传媒"一词的意义弹性而任意扩大这一分支学科的内涵和外延[5]。第二,关于传媒经济学的学科范式问题。具有代表性的是杭敏等在《传媒经济学研究的历史、方法与范例》一文中提出,就中国传媒经济学研究的方法而言,学者们应用性成果较多,以探讨传媒行业的战略和发展趋势,因此应用型方法最为常见,其次是理论型方法,批评型方法较为少见[6]。崔保国也提出传媒经济学的研究大体上可以分为:以微观经济学、宏观经济学和产业经济学的方法展开研究的经济学范式;以管理方法展开研究,重点关注企业、市场和消费者的管理学范式;以传播学研究和传媒研究的方法展开研究,重点关注媒介形态、媒体业态和传媒生态等的传播学范式[7]。第三,关于传媒经济学研究对象的问题。纵观国内学者的研究成果,主要以两个视角展开:一是宏观视角下结合"媒体融合""大数据技术""全媒体"等时代背景研究传媒行业,包括某一媒体行业的现状及发展。例如刘庆等指出互联网时代带来新一轮的报业变革,报业在现有的模式中通过引进新的方式的微调式运营、改变传播介质的转型、从大众传播到产品个性化服务、内生型转型与外生型转型相结合、与运营经验丰富的商业门户网站合作、多元经营反哺报业等路径占领市场,取得经济效益[8]。二是微观视角下聚焦某一传媒公司或传媒集团,对其生产、成本、经营等从经济学角度进行分析。王琳琳以"华谊兄弟"为研究对象,以产业经济学为理论支撑,认为在民营媒体融资渠道、管理能力、盈利模式、品牌建设的全面提升的现实情况下,未来中国传媒产业革新发展的规则制定必须立足于全社会不同经济体制间高度协作的发展基础,积极释放更多市场竞争的效率能量,兼顾效率和公平等问题,以推动中国传媒产业良性发展[9]。现在,传媒经济学已经成为一门不可忽视的独立学科,由于该领域内部知识的交叉性和复杂性,学者们很难对其关键节点、演化脉络、关系网结构进行全景式、多维度的分析。因此,本文利用 CiteSpace 软件技术,尝试对 2011 年至 2020 年间传媒经济学的研究热点、议题变化以及研究趋势进行归纳总结。

一、数据样本和研究方法

本研究以 2011—2020 年 CSSCI 数据库为文献样本来源,选取新闻学与传播学学科相关论文为主要研究对象。根据传媒经济是研究传媒领域的相关经济活动和经济现象的定义,将"产业""市场""价值""资本""经营"等作为查找文献的检索词,后在 CSSCI 数据库中按照每一个高频关键词进行文献搜索,并注意剔除一些与研究无关的目录、综述、评论、访谈、活动记录等文献,剩下的 936 篇文献即为本研究的样本文献。

CiteSpace 是 Citation Space 的简称,可译为"引文空间",它由国际著名的信息可视化专家陈超美教授研发。它作为一种新兴的知识计量方法,一方面可以在最大程度上避免研究者在文献判断上的主观性,避免因自身知识结构缺陷或功利性因素等忽视或刻意遮蔽一些重要文献,并弥补研究者的知识盲点;另一方面可以以多维、动态的可视化语言探索学科的知识演进规律,并通过共现分析、共被引分析揭示既有研究背后的关系、规律、趋势[10]。

目前,CiteSpace在中文期刊方面的应用主要集中在"图书情报与数字图书馆""科学研究管理""计算机软件及计算机应用""企业经济""新闻与传媒"等领域,而传媒经济学领域的相关研究并不多见[11]。本文借助CiteSpace工具,对文献进行计量分析、聚类分析、图谱展示,并对所得图表展开进一步的内容挖掘,对该研究领域热点变迁、前沿议题、核心作者等进行深入分析,并预测其未来发展趋势。

需要注意的是,该方法也有一定的局限性:一方面,数据的选择仅依赖于CSSCI数据库,不能做到研究领域相关数据的全覆盖;另一方面,在提取数据时,不可避免地会受到人为主观因素的干扰,从而可能会对研究结论的客观性有一定的影响。

二、传媒经济学领域的研究概况与热点分析

本文借助CiteSpace软件中的关键词共现、文献网络分析等功能绘制我国传媒经济领域前沿研究的知识图谱,梳理2011—2020年间该领域热点研究的演化趋势,并通过直观的图表对其进行分析。

(一)研究概况

通过每年发文量可以对传媒经济领域的研究成果数量进行描述性统计分析,初步概括近年来我国传媒经济领域的研究情况。如图1所示,从文献增量视角来看,学界有关传媒经济的研究成果在2013年达到峰值,据此可以将2011—2020年的

研究分为两个阶段：第一，2011—2013 年的快速发展期。自从 2002 年党的十六大提出"积极发展文化事业和文化产业，深化文化体制改革"的目标，文化传媒领域在全国开启了"转制"改革。在这样的大背景下，传媒经济研究逐渐被引入更多的经济管理范式，传媒经济学科也开始受到学界更多的关注[12]。经过近 10 年的发展，传媒经济领域的研究已经基本成型，学科建设不断完善，其理论体系基本形成。2012 年党的十八大以来，全国范围内深入推进供给侧结构性改革为我国传媒经济领域的研究提供了新的机遇，使其研究的范围更加广阔，具有更强的时效性和针对性。在学科融合的视角下，传媒经济领域的成果日趋丰富化和多元化，理论体系愈加成熟。第二，2014—2020 年的冷静发展期，这一阶段发文量整体呈下降的趋势，该时期传媒行业面临着巨大的挑战和变革，学者们的研究重心也向媒体跨地区、跨行业经营，媒体资本运营与集团化发展，传统媒体与新媒体融合的方向倾斜[13]。

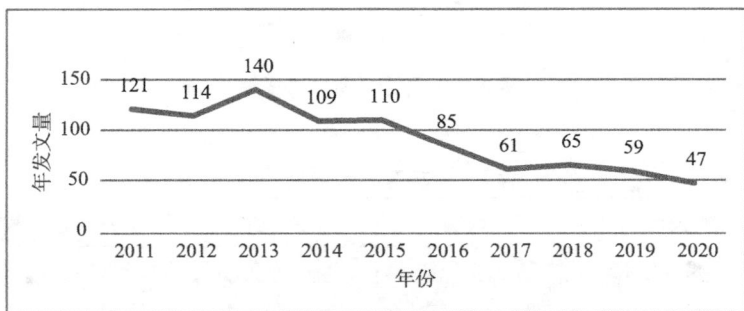

图 1　国内传媒经济发文量年度变化图

（二）热点变迁分析

关键词能够反映某一时段研究领域的热点议题，它是对学者研究中重点内容、创新的提炼，对关键词进行集中研究和概括描述，可以分析出该研究领域的热点演变与发展趋势，对当下及以后学界的研究方向起到指引的作用。在 CiteSpace 软件中,将"Node Type"设置为"Keyword",可以得到 2011—2020 年传媒经济学领域共现关键词知识图谱,如图 2。需要注意的是,根据统计,各关键词还会产生与其相对应的共现关键词和中介中心性。为了更加详细直观地展示出各关键词的重要共现关键词和中介中心性,现选取图 2 中词频数不小于 20 的关键词绘制成表(见表 1)。

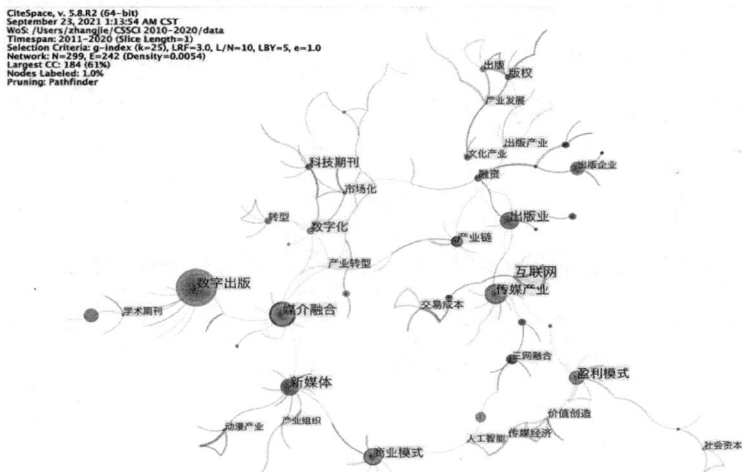

图 2　共现关键词知识图谱

表 1　高频共现关键词列表

关键词	频次	中心性	年份
数字出版	53	0.17	2011
媒介融合	29	0.1	2011
新媒体	28	0.09	2011
出版业	28	0.07	2011
传媒产业	24	0.1	2011
商业模式	24	0.12	2011
盈利模式	22	0.12	2011

节点的大小反映了关键词词频的高低，因此图 2 和表 1 在节点分析和词频统计上是相互对应的。从历时性的角度来看，不同年度的研究热点各有侧重，关键词词频较高的年份集中在 2011 年，也从侧面反映了 2011 年前后我国传媒经济学处于快速发展期。"数字出版"的节点最大且频次最高，达 53 次，说明"数字出版"与传媒经济的研究结合较紧密，成果较丰盛。随着网络技术的进步和融合转型思想的发展，"媒介融合""新媒体""传媒产业""商业模式"等议题也逐渐成为传媒经济研究的前沿领域。关键词中介中心性是关键词在文献网络中占据节点位置的重要性，节点的中心性量化了其网络位置的重要性，常用的中心度量是中介中心性，其数值越高，说明占据的位置越重要[14]。"数字出版"的出现频率最高，其中心度也最高，说明近 10 年的研究中，"数字出版"处于传媒经济学研究的关键位置。紧随其后的是"媒介融合"与"新媒体"，这三者共同构成了知识图谱的中心内容。

笔者进一步绘制高突现值关键词列表和热点研究时区演化图。选择高突现值前 12 位的关键词，根据突现的时间进行排序后绘制成图（见图 3），该图可以直观地帮助我们对传媒经济领域的研究热点动态进行分析，提醒学者某一时段内研究的重大转向或是研究的新趋势。节点即关键词的突现值越高，说明该词在短时间内出现爆发性增长，在某一时间段内成为研究热点。从图 3 中可以看出，"三网融合""转企改制"是我国传媒经济领域较早关注的主题，随着新媒体的发展和全媒体在学界与业界的研究及应用，从 2012 年开始，"新媒体""全媒体"与传媒经济研究的结合愈加紧密。媒体技术的快速发展使依托新媒体的多元变现方式开始出现，近年来该领域关注的主题开始偏向"大数据""知识付费"等，可能成为今后的研究趋势。"传播政治经济学"也是较受关注的热点内容。另外，2015 年突现的"媒体融合"持续时间最长,说明该主题一直是近年来传媒经济学的热点研究。

Keywords	Year	Strength	Begin	End	2011 - 2020
三网融合	2011	4.92	**2011**	2012	
转企改制	2011	2.57	**2011**	2012	
全媒体	2011	2.98	**2012**	2013	
新媒体	2011	2.92	**2012**	2013	
出版企业	2011	2.54	**2012**	2013	
媒体融合	2011	3.86	**2015**	2020	
数字化	2011	3.38	**2015**	2016	
传统媒体	2011	2.85	**2015**	2016	
大数据	2011	2.73	**2016**	2017	
出版上市公司	2011	3.03	**2017**	2020	
知识付费	2011	3.1	**2018**	2020	
传播政治经济学	2011	3.1	**2018**	2020	

图3　高突现值关键词统计

热点时区演化图侧重于时间维度上知识演进的可视化图表[15]。在 CiteSpace 中,它将首次出现时间相同的节点汇集在同一时区内以表现关键词之间的相互联系和演化路径[16],如图4。通过对热点演化时区图的分析,可以将传媒经济领域的研究分为三个阶段:第一阶段(2011—2013 年),这一阶段国内传媒经济领域的研究成果颇丰,学科体系建设基本完备,受政策的影响,"转企改制""传媒产业""融资""价值链"等主题以及一些传媒集团的个案研究都受到学界关注。第二阶段(2014—2016 年),互联网经济的发展使经营模式、融资模式等发生变化。"融合"的思想更加深入人心,"媒体融合""融媒体"大量出现,传媒产品实现多样化。同时,传媒经济的研究和大数据技术紧密相连,新技术和"互联网+"思维驱动下传统媒体与新媒体的融合转型、数字化转型成为学界研究的焦点。第三阶段(2017—2020 年),平台化思维的发展使"价值共创""平台资本主义""产业集群"等成为新的研究主题,自媒体的不断涌现使得短视频、微信公众号成为学界关注的对象,同时,人工智能也

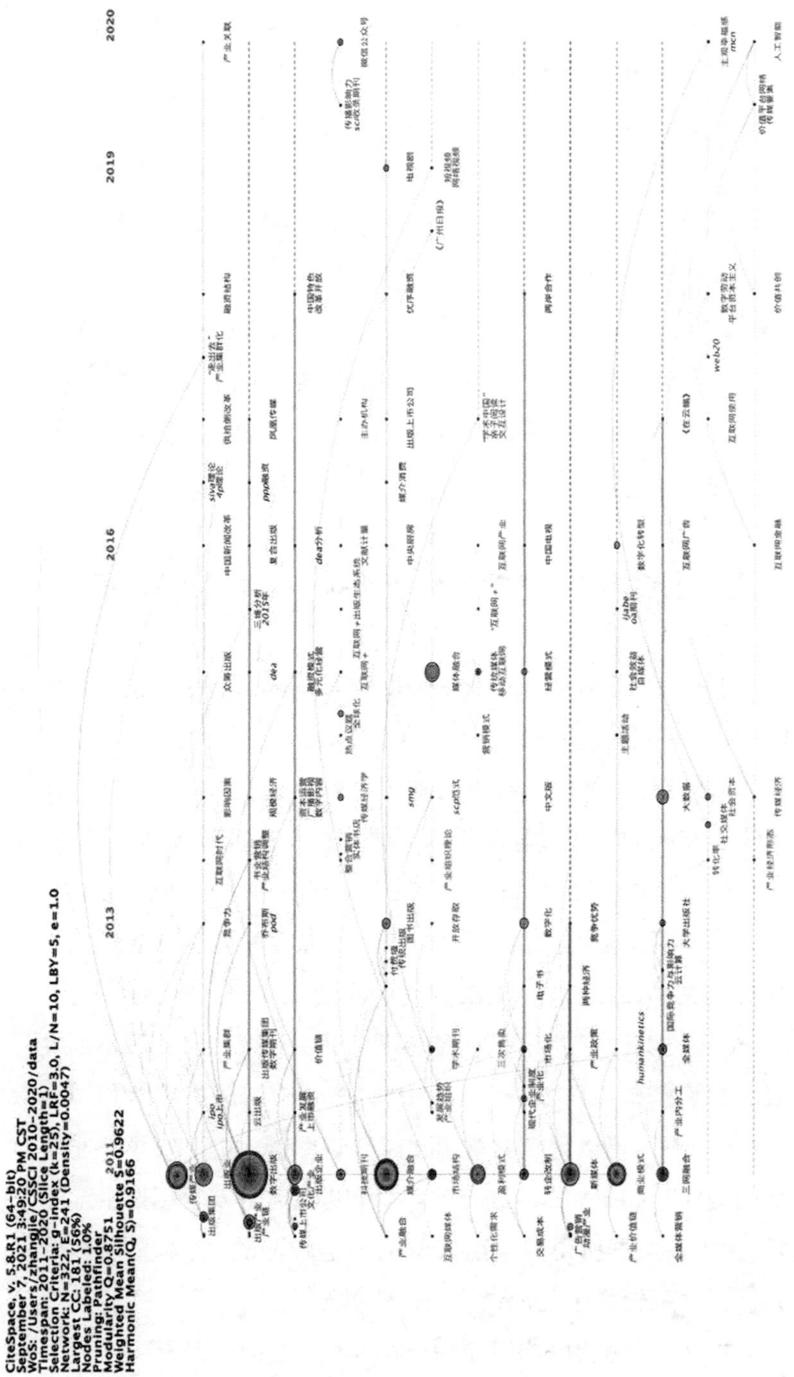

图4 热点研究时区变化图

开始进入传媒经济学者的视野。另外,结合高频关键词列表和时区演化图可以发现,高频关键词大多出现在 2011 年前后,这表明我国的传媒经济学研究在 2011 年前后就提出了具有持续研究价值的选题且研究热度较高。2016 年后尽管也出现了许多值得探讨的新问题,但是总体来说这些新议题无法与前期对于传媒产业、文化产业、出版产业等的关注度相比。总体来看,"传媒产业""媒介融合""互联网"是贯穿近 10 年来传媒经济研究的热点话题,依托政策与技术发展而诞生的新事物。例如,"网络视频""数字化转型"等源源不断地为该领域带来新的研究议题。

三、传媒经济学领域知识基础与学术群体分析

共被引分析是 CiteSpace 中最具有亮点的功能,利用 CiteSpace 软件对共被引文献、合作作者的分析,可以明晰该领域研究的经典文献、高影响力作者,对于可视化直观分析该领域知识基础的演化过程和学术群体分析具有重要作用。

(一)知识基础分析

当两篇文献同时被一篇文献所引用,这两篇文献就形成了共被引关系,因此被引频次较高的文献成为该领域的关键文献,结合关键作者进行分析,能够明晰我国传媒经济领域不断发展的知识基础。在 CiteSpace 中将"Node Types"选为"Cited References",可以得到共被引文献知识图谱,如图 5,并且选择功能键"Cluster View"进行聚类,可以得到图 6。需要注意的是,由于该数据所得共被引文献的图谱较分散,故本文仅截取共被引关系较集中的图谱进行聚类并研究。

在文献共被引知识图谱中,连接两个或两个以上聚类的节

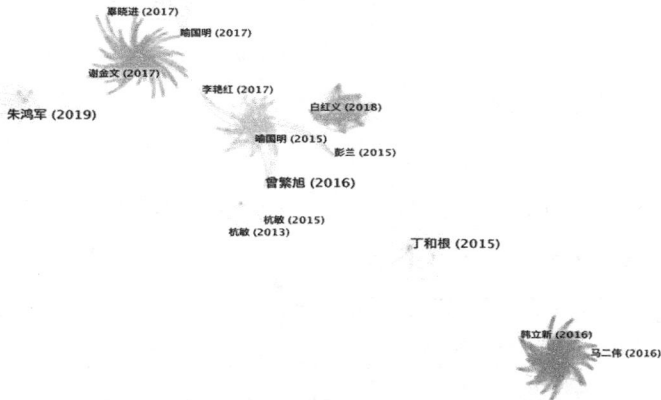

CiteSpace, v. 5.8.R2 (64-bit)
September 18, 2021 7:27:29 PM CST
WoS: /Users/zhangjie/CSSCI 2010-2020/data
Timespan: 2011-2020 (Slice Length=1)
Selection Criteria: Top 5 per slice, LRF=3.0, L/N=10, LBY=5, e=1.0
Network: N=2283, E=6934 (Density=0.0027)
Largest CC: 204 (8%)
Nodes Labeled: 1.0%
Pruning: None

覃晓进 (2017)
喻国明 (2017)
谢金文 (2017)
李艳红 (2017)
朱鸿军 (2019)
白红义 (2018)
喻国明 (2015)
彭兰 (2015)
曾繁旭 (2016)
杭敏 (2015)
杭敏 (2013)
丁和根 (2015)
韩立新 (2016)
马二伟 (2016)

图 5　共被引文献知识图谱

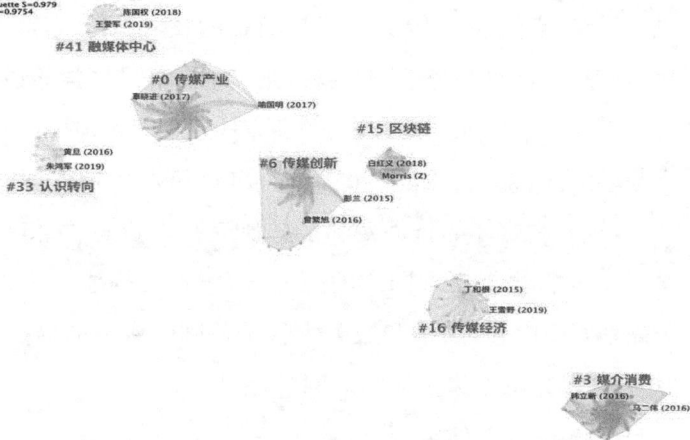

CiteSpace, v. 5.8.R2 (64-bit)
September 18, 2021 7:27:29 PM CST
WoS: /Users/zhangjie/CSSCI 2010-2020/data
Timespan: 2011-2020 (Slice Length=1)
Selection Criteria: Top 5 per slice, LRF=3.0, L/N=10, LBY=5, e=1.0
Network: N=2283, E=6934 (Density=0.0027)
Largest CC: 204 (8%)
Nodes Labeled: 1.0%
Pruning: None
Modularity Q=0.9719
Weighted Mean Silhouette S=0.979
Harmonic Mean(Q, S)=0.9754

陈国权 (2018)
王爱军 (2019)
#41 融媒体中心
#0 传媒产业
覃晓进 (2017)
喻国明 (2017)
#15 区块链
黄旦 (2016)
朱鸿军 (2019)
#6 传媒创新
白红义 (2018)
Morris (Z)
#33 认识转向
彭兰 (2015)
曾繁旭 (2016)
丁和根 (2015)
王雪野 (2019)
#16 传媒经济
#3 媒介消费
韩立新 (2016)
马二伟 (2016)

图 6　共被引文献知识图谱聚类

点即为关键节点,其中介中心性较高,在整个知识体系中占据重要的位置,节点越大代表文献的被引频次越高,节点和节点之间的连线则反映了文献之间存在的共被引关系,连线的粗细代表次数,线条越粗说明共被引次数越多,即文献之间具有较强的学科关系。综合观察两幅知识图谱可知,传媒经济领域被引文献的内容可以分为"融媒体中心""传媒产业""区块链""传媒创新""传媒经济"等几个板块。其中,"传媒产业""传媒创新""媒介消费"三个聚类中的连线复杂,交叉较多,表明这些聚类项中的论文之间关系紧密,相关主题论文被同时引用的频次较高,且这些论文在研究内容、研究方法上呈现相关性。总的来看,黄升民的《三网融合:构建中国式"媒·信产业"新业态》、崔保国的《传媒经济学研究的理论范式》、丁和根的《"媒介经济学"还是"传媒经济学"》都具有较高的共被引频次,说明其在传媒经济学的研究中具有重要位置,可以视为经典的基础性文献。他们主要探讨了传媒经济学的基础命题。例如谭天认为,传媒经济的本质是意义经济,他通过意义经济的概念、主题构成、运行基点诠释了传媒生产与消费的核心概念。丁和根提出,若使用"传媒经济学"的名称,则要把握好经济学的边界,要将传媒经济学研究的范围、问题和方法较为严格地限定在经济学范畴之内,将媒介经营和管理的内容归入媒介管理学的范畴,将媒介和媒体的特性及功能的研究归入新闻学、传播学范畴[17]。黄升民提出中国式的三网融合,是要构建一个以媒介为高地,以内容、网络和服务为骨干基础的崭新的"媒·信产业",即媒介思维为主导的三网融合[18]。

(二)学术群体分析

通过对关键文献的分析,我们可以初步判断出传媒经济学领域的主要学者,在 CiteSpace 中,将"Node Types"选为"Cited

Author",可以通过共被引分析对我国传媒经济学领域的主流学术群体作详细的研究,这些学者指引着传媒经济学的研究方向,是推动其发展的关键因素。

对作者的发文量进行数据统计,可以发现2011—2020年间,我国传媒经济学领域共有1153位作者发表了论文,其中有约85%的作者仅发表了一篇文章,这说明在漫长的研究过程中,我国大多数研究者的成果较少且无法进行持续的研究。

从作者年龄来看,高产作者的年龄段集中在45—65岁,说明我国传媒经济研究学术群体的新生代力量较弱,从所属机构来看,几乎全部属于重点高校且这些高校的学术研究水平位居全国前列,例如南京大学、复旦大学、武汉大学、厦门大学等,说明重点高校中的高质量研究团队依然是该领域研究的主力军。总体来说,传媒经济近10年的发文量和高产作者数量相对较少,意味着未来我国传媒经济学的学术群体还需要持续成长。

当两个或两个以上的作者被同一个作者引用,则被引用的作者之间形成共被引关系,共被引频次越高,说明被引作者的研究方向、侧重角度、研究方法上具有较强的关联性,由此可以揭示某一领域研究的科学共同体[19]。运行CiteSpace以得到传媒经济研究作者共被引图谱(见图7)。

为了更加直观地显示作者的重要程度,利用圆环突出标记中介中心性较高的节点,圆环的厚度越厚,节点的中介中心性就越高。结合图表信息可以看出,喻国明、崔保国、黄升民的共被引频次和中介中心性均较高,在知识图谱中表现为其节点较大、圆环较明显,说明这些学者在传媒经济学研究的所有作者中具有较高的影响力,占据重要的地位。

CiteSpace, v. 5.7.R5 (64–bit) W
September 25, 2021 2:34:54 PM CST
WoS: /Users/chenyuanbo/citespace项目/data
Timespan: 2011–2020 (Slice Length=1)
Selection Criteria: g-index (k=25), LRF=3.0, LBY=5, e=1.0
Network: N=420, E=1460 (Density=0.0166)
Largest CC: 348 (82%)
Nodes Labeled: 1.0%
Pruning: None

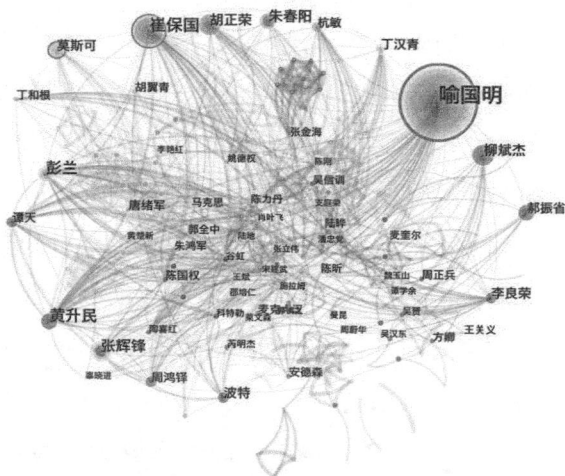

图7　作者共被引知识图谱

　　另外,为了展现我国传媒经济领域作者之间的合作情况,按照共现知识图谱的绘制方法,绘制该领域的作者共现网络图谱(见图8)。图中节点之间的连线表示作者之间存在合作关系,因此该图谱又可称为作者合作网络知识图谱。由于该图呈现的节点较分散,故本文仅截取合作相关度较高的部分。该图谱清晰地显示出,大部分节点呈分散状态,呈现较弱的共现关系,说明我国传媒经济研究领域的学者大部分属于独立研究,和其他作者合作的情况较少。除喻国明外,黄升民、丁汉青等关键学者虽有合作,但合作对象仅为一至两名学者,大部分核心学者都处于"孤军奋战"的状态。说明我国该领域研究的团队意识较弱,还没有形成具有规模的研究团队,重要学者之间也没有形成稳定的合作关系。概括来说,我国传媒经济学的研究一方面不具有合作结构,无法保证成果的稳定持续输出;另一方面，各学者之间的知识流通闭塞、信息交流较少，知识生产几乎属于"单打独斗"的方式。

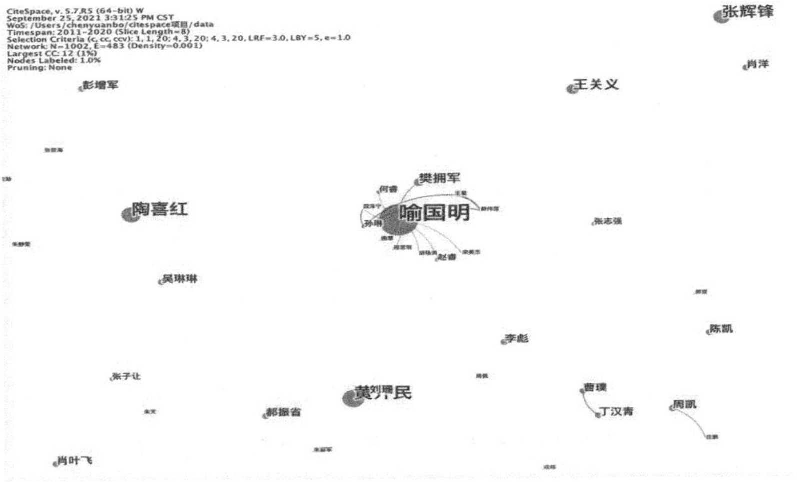

图8 作者合作知识图谱

四、总结与展望

根据 CiteSpace 的关键词共现分析、共被引文献分析、共被引作者分析等，可以看出传媒经济学知识结构的生命周期不是议题的单向度进化，也不是单纯的循环式重生，而是议题之间相互勾连、不断更新，最后呈现出具有广度和深度的密集网状结构[20]。目前传媒经济的学科建设基本完善，理论体系基本建立，研究团体逐渐壮大，整体上正处于稳步发展的状态，并且在"互联网＋"模式的驱动下，进入了新的发展阶段。但是，通过数据可视化的呈现和分析，我国传媒经济领域的研究目前还存在一些问题：首先，传媒经济的研究虽然与市场现状、实际应用联系紧密，许多成果都关注到了媒介市场体制改革、传媒集团化、资本运营等热点问题，但是尚未形成统一的研究范式，核心学者也多是按照自己的偏好进行研究。这就导致大部分文献重现象轻理论,且在研究方法上也是质性研究居多而实证研究较少,说明这一学科还未形成完整、科学、系统的理论体系。其次,研究群体的新生代力量较弱,且核心作者之间的合作程度较低、联系较弱,没有形成稳定牢固的学术群体。同时,研究群体较单一,较少与经济学或管理学的研究者进行合作,成果交流场域的范围较小[21]。最后需要说明的是,由于选择的期刊大多属于编辑出版类,因此统计结果含有大量出版研究,一定程度上影响了传媒经济学研究团体与议程梳理的准确性。

媒体融合的深入发展,数字和网络技术的不断创新,已经大大改变了媒体的生产力和生产关系,伴随着大数据、人工智能和 5G 技术的协同升级,一个由生产者、用户、渠道、终端等多要素彼此交互而成的数字化生态系统将成为全媒体传播时代的基本市场环境[22]。政策规划、市场需求、资本运营、技术创新等力量都驱动着传媒经济新动态的涌现、新业态的创新、新生态的重构[23]。在这一背景下,自媒体的迅猛发展使短视频、在线音频的影响力更加显著。信息技术的不断赋能使用户需求、用户体验、用户使用习惯成为催动传媒商业模式变革、催生传媒经济新形态的核心所在,短视频内容生产、知识付费、网红经济、粉丝经济、IP 都将成为传媒产业新的经济增长点[24]。

注释

[1] 姚曦、李斐飞:《学科制度结构视角下的西方媒介经济学起源与演化——基于 SSCI 数据库的知识图谱分析》,《新闻与传播研究》2016 年第 12 期。

[2][英]吉莉安·道尔:《理解传媒经济学》,李颖译,北京:清华大学出版社,2004 年,第 1 页。

［3］喻国明、丁汉青、支庭荣:《传媒经济学教程》(第二版),北京:中国人民大学出版社,2019 年,第 2 页。

［4］崔保国:《传媒经济学研究的理论范式》,《新闻与传播研究》2012年第 4 期。

［5］丁和根:《"媒介经济学"还是"传媒经济学"》,《新闻与传播研究》2015 年第 5 期。

［6］杭敏、［瑞典］罗伯特·皮卡特:《传媒经济学研究的历史、方法与范例》,《现代传播(中国传媒大学学报)》2005 年第 4 期。

［7］崔保国:《传媒经济学研究的理论范式》,《新闻与传播研究》2012年第 4 期。

［8］刘庆、范以锦:《转型期报业运营六种模式探析》,《编辑之友》2015 年第 3 期。

［9］王琳琳:《产业经济学视角下"华谊兄弟"创业板上市的内涵及影响》,《新闻大学》2011 年第 4 期。

［10］马超:《国际健康传播研究的议题流变、研究主力与经典文献——基于健康传播领域两本 SSCI 专业期刊的文献计量分析》,《西华大学学报》2020 年第 4 期。

［11］李杰、陈超美:《CiteSpace 科技文本挖掘及可视化》(第二版),北京:首都经济贸易大学出版社,2017 年,第 15 页。

［12］卜彦芳、董紫薇:《历史进路、理论记忆与框架建构》,《现代传播(中国传媒大学学报)》2019 年第 5 期。

［13］李洁、丁和根:《改革开放 40 年中国传媒经济研究回望与思考》,《传媒观察》2018 年第 12 期。

［14］周建青、刘航:《国内组织传播研究:特点、问题与趋势——基于2000—2017 年核心期刊文献的知识图谱分析》,《新闻大学》2018 年第4 期。

［15］顾理平、范海潮:《网络隐私问题十年研究的学术场域——基于CiteSpace 可视化科学知识图谱分析(2008—2017)》,《新闻与传播研究》2018 年第 12 期。

［16］孟庆麟、刘巍:《基于 CSSCI 文献的新闻出版知识图谱分析》,

《出版科学》2019 年第 3 期。

[17] 丁和根：《"媒介经济学"还是"传媒经济学"》，《新闻与传播研究》2015 年第 5 期。

[18] 黄升民：《三网融合：构建中国式"媒·信产业"新业态》，《现代传播（中国传媒大学学报）》2010 年第 4 期。

[19] 陈辉、陈力丹：《跨文化传播研究的知识结构与前沿热点：基于 CiteSpace 的可视化图谱分析》，《国际新闻界》2017 年第 7 期。

[20] 李彪、赵睿：《新世纪以来新闻传播学研究的生命周期及学术权力地图（2001—2016）——基于科学知识图谱的分析》，《国际新闻界》2017 年第 7 期。

[21] 张金海、秦祖智：《中国传媒经济学理论体系的建构思路》，《当代传播》2015 年第 3 期。

[22] 卜彦芳：《数字生态系统：全媒体传播的市场图景》，《现代视听》2019 年第 7 期。

[23] 刘涛、卜彦芳：《新动态新业态新生态传媒经济研究的新思维构建》，《中国广播》2020 年第 1 期。

[24] 丁敏玲：《数字化时代传媒经济的新转向》，《科学决策》2020 年第 7 期。

The Overall Trend and Hotspot Changes of Chinese Media Economics Research
—Based on the Quantitative and Visual Analysis of CSSCI Papers(2011‐2020)

CHEN Yuanbo, ZHANG Jie

Abstract: At present, the study of media economics has received more and more attention from the academic circles.

The continuous development of computer application technology provides technical support for the macro-study of media economics. Among them, big data technology and visualization technology have more clearly realized media economics. The relationship network analysis, hot element analysis and evolutionary context analysis of economic development. This article uses CiteSpace tools to visually analyze articles in the field of media economics in Journalism and Communication Science C Journal from 2011 to 2020, to show its development context in the form of knowledge graphs, to study the evolution of hot topics in this field over the years, and the frontier topics trends in development and future research.

Key words: Media Economics; Knowledge Graph; Hot Spots; New Media

中国传媒经济学研究的核心关键词及其变化趋势（1990—2020）

——基于文献计量方法的共现图谱分析

陈洁雯

摘　要　本文基于文献计量学的研究方法，搜集了1990—2020 年间中国知网收录的核心期刊中我国传媒经济研究相关论文 429 篇，通过 CiteSpace 软件的关键词共现和聚类分析，将传媒经济学划分为"前科学"（1990—2002 年）、"常规科学"（2003—2012 年）、范式转型（2013—2020 年）三个阶段，继而比较了不同研究时期的核心关键词及其变化趋势。同时运用聚类分析试图描摹出我国传媒经济研究 30 年来的知识地图，并简要回顾了本学科领域的五大研究议题。最后在梳理现有研究成果的基础上，反思中国传媒经济学仍存在的理论、范式、方法问题，以此应对来自全球化、信息化、数字化浪潮的机遇与挑战、困境与发展。

关键词　中国传媒经济学　关键词共现　文献计量

引言

西方传媒经济学研究兴起于 20 世纪 50 年代，研究早期

作者简介　陈洁雯，女，南京大学新闻传播学院博士研究生。研究方向：传媒与公共政策。电子邮箱：1264813298@qq.com。

主要聚焦于传统的报业运营与竞争以及广播电视产业的经济结构和属性,直到 80 年代涌现出一批关于传媒企业运营、竞争、产品消费等经济学导向的研究,此时传媒经济学科初见雏形。中国的传媒经济学研究相对开始得比较晚,而且始终伴随着我国传媒业的发展而演进。不同于西方建基于经济学理论和方法之上的应用型学科,我国传媒经济的研究脉络则源自人文社会科学中的新闻传播范式,这也决定了中西方传媒经济研究的理论与方法之别[1]。不过随着西方研究前沿成果的引入,我国传媒经济的研究范式经历了转型,经济学和传播学的视角开始融合,研究也日益多元化,实证主义范式与计算科学范式逐渐增多,出现了一些运用社会网络分析、文献计量学等定量方法进行的实证研究[2]。

本文试图通过文献计量方法中的关键词共现网络和聚类分析,回顾 1990—2020 年我国的传媒经济研究并展望未来的研究趋势,为了避免落入宏大的叙事,本研究以核心关键词为切入点,通过提炼 30 年间中国知网(CNKI)数据库收录的相关文献关键词来透视整个中国传媒经济学科,以期通过对文献的实证分析,梳理、归纳出我国传媒经济研究一路以来的发展轨迹、变化和问题。传媒经济作为跨学科交汇的复杂知识体系,追溯其研究的发端与历程,有助于我们更为清晰地审视本学科领域自身的定位、方向、路径,这对于厘清传媒经济学整个学科的核心问题无疑也有所助益。

一、样本选择与研究方法

本文选取的文献样本是 1990—2020 年这 30 年间发表于核心期刊且收录在中国知网(CNKI),包括 CSSCI、北大核心期刊以及少数热门刊物上的传媒经济学相关文献,搜索过程中主要以"传媒经济学""媒介经济学""媒体经济学"这三个最常用的关键词进行,在人工剔除了活动通告、人物报道、会议详情等非研究性的内容之后,搜集到相关文献429篇。在时间跨度上,选择以1990年和2020年为起止点,主要是参考中国传媒经济学研究的论文发表情况,以及已有文献中对于我国传媒经济研究的发展阶段判断。首先是来自中国知网(CNKI)数据显示,以时间为横轴,论文量为纵轴,从图1可以总体上看出我国传媒经济研究的研究成果发表大约始于20世纪90年代,此前的论文数量几乎可以忽略不计。90年代至今也正是我国传媒经济研究逐步全面展开的时期,尤其是在1992年之后相关文献数量开始增长并在2003年左右达到第一个高峰,所以从可查询到的文献角度来看,1990年是一个相对比较合适的起点时间。

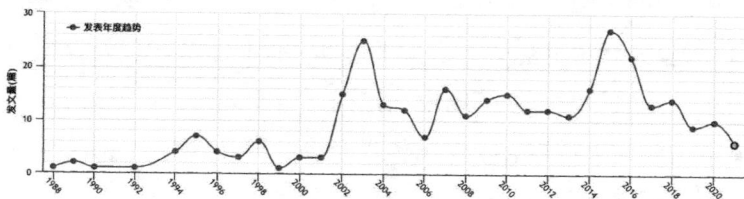

图1 中国传媒经济学年度论文发表趋势图

同时,在对相关文献进行研读之后发现,一般来说大部分研究者都将我国的传媒经济研究划定于20世纪七八十年代开始,至今走过了40多年的历程。不过我国学人对于传媒经济的关注早在20世纪上半叶就已经显现,比如徐宝璜1919年的《新闻学》、戈公振1927年的《中国报学史》、刘觉民1936年的《报业管理概论》等书目中便已涉及对报纸印发、广告、编辑方针等层面的探讨,但是当时还并未就此展开系统研究。综合研究者对于我国传媒经济发展的时期划定,比如李洁等就把我国传媒经济40年研究划分为四个阶段:第一阶段,从改革开放之初至 20 世纪 80 年代末为初步开拓期；第二阶段是 20 世纪 90 年代，为积累成长期；第三阶段从 2000 年至 2008 年，为快速推进期；第四阶段从 2008 年至今，为深化繁荣期[3]。卜彦芳等也是从 1978 年开始，将我国传媒经济学划分为萌芽期（1978—1992 年）、初始期（1993—2002 年）、成型期（2003—2012 年）、发展期（2012 年至今）[4]。虽然不同研究者的分期略有出入，但是整体来看相对一致。如果要回顾中国传媒经济研究的历史，应当从 1978 年开始较为准确，但是通过文献检索，发现可查询的最早文献大约在 20 世纪 90 年代，由于本文的研究方法是文献计量，要建立在文献基础上，因此本文的文献样本区间只能粗略框定在 1990—2020 年，虽然这是对于中国传媒经济研究的不完全取样，但是笔者认为这并不直接影响到本文后续的研究发现。

在确定样本选择之后，将中国 30 年间的传媒经济学文献的题名、摘要、关键词、作者等信息导入 CiteSpace Ⅲ 软件进行文献计量分析。文献计量学是采用数学与统计方法对论文的标题、作者、关键词、参考文献和出版年份等做出描述、评价和预测，其中通过对大量文献之间的词共现、引文结构规律进行分析和研究，可以有效揭示出科学的内部发展过程[5]。这是一种关于交叉学科领域的现状与发展趋势的定量研究方法，也是在信息技术推动下催生的新式研究方法，研究者可以用图谱可视化的手段在庞大的知识体系中描绘出学科发展的知识网络，现已被多个学科广泛应用。很多时候知识的连续性和继承性就体现在文献自身的统计学规律中，不过由于文献系统存在的高度复杂性和不稳定性，很多研究问题难以通过量化文献统计的方式完整呈现，这是文献计量方法的局限所在。不过对于本文而言，运用文献计量法可以基本达到研究目的。

二、中国传媒经济学研究的关键词共现分析

文献计量学通过对关键词的词频分析,考察特定研究领域的核心知识,运用词频的共现分析法来描述研究领域的内部关联情况。其中,高频关键词能够反映出特定学科领域的主要研究对象、视角、方法乃至结论,而且还能从频次看出该关键词被关注的程度与研究的热度[6]。由于本文的研究目的在于描绘出中国传媒经济研究的发展趋势及变化,所以在计量关键词之前需对 1990—2020 年这 30 年跨度的文献作出分期,然后再分别统计每个时期的关键词。结合前文涉及的相关已有文献中的划分,以及本文对于所有文献样本的初步预估,大体可以分为:1990—2002 年前科学范式阶段、2003—2012 年逐步系统化、2013—2020 年不断转型深化三个主要阶段。然后按照时间分期,分别将三个阶段的文献关键词根据词频排序,在完成对词意相近关键词的合并之后,可以得到排名前十的关键词,即待分析的高频关键词(见表 1)。接下来将依次对三个时间跨度的关键词进行比较分析。

表 1　中国传媒经济学研究不同时期的高频关键词列表

关键词 (1990—2002 年)	关键词 (2003—2012 年)	关键词 (2013—2020 年)
市场经济	传媒经济	媒介融合
媒介经营	传媒产业	传媒产业发展
分类广告	全球化	粉丝经济
农村受众	传统传媒	社群经济
报业集团	注意力经济	数字化媒体
体制企业化	媒介消费	互联网下半场
报业经营管理	媒介融合	大数据时代

（续表）

关键词 （1990—2002 年）	关键词 （2003—2012 年）	关键词 （2013—2020 年）
大众传播媒介	新媒体	社交媒体
政府统筹	盈利模式	传媒规制
媒体产品	电视广告	平台经济

（一）1990—2002 年："前科学"阶段

在这个时期我国传媒经济研究的高频关键词分别为：市场经济、媒介经营、分类广告、农村受众、报业集团、体制企业化、报业经营管理、大众传播媒介、政府统筹、媒体产品。可见随着社会主义市场经济体制改革的政策引导，传媒行业的经营实力不断壮大，中国传媒经济学也在改革实践的驱动下得以向前推进。总体来看排名前十的关键词主要集中在两个层面：一是实践上，市场化经济背景下的媒体运营管理，重点是报业的广告经营问题；二是理论上，对于传媒属性的重新界定，聚集于媒体事业性质、企业管理的双重属性。

随着改革开放与经济体制改革，国家层面开始倡导媒体机构走入市场、自主经营、自负盈亏、依法纳税[7]，此时中国传媒的市场化改革正式开始。改革的重点就如本阶段关键词分析所展示的，首先是报业的经营管理，尤其是广告经营的问题。其中穆昭山以北京、大连、沈阳三家电视台的实际运营为例，证实了电视广告对于电视台灵活经营的重要性，广告收入可以弥补有限的财政补贴、丰富电视节目、提高办台质量，故而广告经营因适应市场经济的需求得以合法化，广告营收逐渐成为媒体机构的主要来源和生存依赖[8]。在传媒实践的探索引领下，传媒经济学也在反思之前理论的适用性，当下的"混合体制"引发了本学科围绕新闻体制改革、媒体属性、所有权与经营权分离等问题的积极探讨。这为后来传媒"双重属性"的确立提供了理论支撑,破除了以往的"工具论"论断,更为深刻地认识到媒体除了政治宣传属性之外的经济产品属性,推动着我国传媒业的市场化、集团化、产业化发展。

本阶段我国传媒经济研究的知识生产是由学界理论与业界实践共同构成,即研究者跟随国家政策以及业界传媒实践展开,以回应不断变化着的现实情况和问题。同时,明显可见的是本时期的论文数量、研究者人数、专业学术会议次数等呈增长态势,不过学科背景仍以新闻传播居多,研究呈现出相对分散的状态,相互之间的合作、学术共同体也较为缺乏,而且还未形成统一的研究范式。诚然,这也符合学科发展初期的特点,亦即托马斯·库恩(Thomas Samuel Kuhn)科学发展模式中的"前科学"或"前范式"阶段[9]。

(二) 2003—2012 年:"常规科学"范式

进入 21 世纪,中国传媒集团化步伐愈加紧凑,传媒市场不断扩大,传媒产业规模持续壮大,其产业规模、市场规模都在不断扩张。特别是我国加入国际世贸组织之后,传媒集团组建、传媒资本经营、传媒产业化、党报运营、西方媒体盈利模式等开始成为学界关注的热点议题。这一阶段的关键词共现结果印证了这一点,即"传媒经济、传媒产业、全球化、传统传媒、注意力经济、媒介消费、媒介融合、新媒体、盈利模式、电视广告"等几乎涵盖了该时期我国传媒领域的绝大部分热点议题。

当然,传媒的市场属性、市场化运作、媒介的资本运营、传媒集团化等继续成为这 10 年的研究内容,可以看作前一时期研究议题的进一步延伸。不过和 20 世纪不同的是,中国面临着来自全球化的挑战,无论是经济全球化还是信息传播全球化,都使得传媒经济的发展更加复杂多变,竞争无疑也更为激烈。此外,本阶段中国报业的发展逐渐放缓,广播电视迎来了迅速成长期,直至新媒体时代的到来,数字智能技术冲击着传统媒体的发展与转型,这使得本阶段及之后的时间里"媒介融合"成为我国传媒经济研究的重中之重。综观这 10 年的研究,大体可以归纳为以下几个层面:一是各类型媒体的经营管理以及产业化发展过程,这里不仅仅聚焦于报业,更多转向广播电视的盈利模式探索;二是新媒体环境下传统媒体的艰难转型与媒介融合;三是传媒体制问题的再探讨。

随着互联网数字信息科技的飞速发展,日新月异的新媒体产业、大数据、云计算、媒体融合等成为传媒经济、传媒产业格外亮丽的前沿景观,也成为我国传媒经济研究学者关注的迫切议题。首先就是传统媒体的融合转型,这几乎占据了本阶段研究总量的半壁江山,诸如"三网融合""全媒体""新闻创新"等新兴概念涌现出来,对于传统媒体面临的困境与挑战,越来越多的新闻传播学者加入了讨论,试图从理论和实践上挽救陷入危机的传统媒体。此外,值得注意的是本阶段还出现了一波针对传媒经济实质的论争,即传媒经济究竟是注意力经济还是影响力经济?亦即传媒经济的核心何在?这是从经济学理论出发并导入本土语境的真问题。陆军对这个问题作出过较为系统的论证,他认为注意力经济是影响力经济的基础,影响力经济是注意力经济衍生而来,过分追求注意力经济而忽略了内容与品位,则会影响媒介的可持续发展[10]。由于传媒具有意识形态与信息产业双重属性,这决定了它的竞争不仅关乎经济效益,而且关乎社会稳定与国家安全。所以倡导影响力经济不仅是媒介发展的需要,也是构建和谐社会的需要。除了注意力和影响力之外,还有学者提出了其他观点,比如谭天将数字时代的传媒经济看作一种关系经济,指出新媒体的经济形态是关系经济,新媒体经济是通过关系产品、转换机制和共享价值来实现其经济效益的[11]。具体而言,如何设计出好的关系产品,如何通过关系法则和转换机制实现共享价值、交换价值以及稳定的盈利模式,这已经成为新媒体关系经济的主要内容和基本任务,也是当下媒介融合转型的迫切议题。

本时期中国传媒经济学进入了迅速成长的阶段,相关论文成果数量激增,研究内容也更丰富和国际化,学者们对传媒经济的本质和特殊规律的认识更加深入,并自觉开始进行学科体系的建设,传媒经济的理论研究和实践应用在此时均取得显著的成绩。自此,我国传媒经济学进入"常规科学"范式阶段,尽可能融合经济学与传播学的双重范式,但是经济学范式的天然缺失也带来了很多学科背景的问题,这为之后传媒经济学科遭遇的发展瓶颈埋下了伏笔[12]。

(三)2013—2020 年:学科范式转型

从图 1 可以看出,2013 年是一个节点,在这之前我国传媒经济研究的论文发表数量持续回落,但是 2013 年之后曲线图又迎来了另一个高峰。有学者对这个特点的涨落趋势进行了解读,曾琼等认为在此期间传媒经济研究遭遇了某种发展障碍与范式改革:一是中国传媒体制改革动力与制度供应不足,二是数字传播技术所引发的媒介数字化难题,三是传媒经济研究自身的范式缺失,这才导致了研究议题的暂时遇冷,所以文献持续下降回落[13]。不过 2013 年之后数据便有所回升,这也是本文采用 2013 年作为重要节点的原因。2013 年被称为"大数据元年",这一年出现了大量关于"大数据""云计算""互联网＋""人工智能""虚拟现实"等基于新技术的文献研究,技术驱动给传媒行业带来了天翻地覆的变化。正如喻国明等所指出的:"互联网＋"时代对传媒产业的发展提出了媒体分类、生产、经营、属性和盈利模式五个方向转型的客观要求。[14]整个媒介经济研究的范式也要随之作出调整、适应、转型。

同时,2016 年也是本阶段的重要节点。2016 年开始了互联网的"下半场",人工智能与大数据技术在其中扮演着极为重要的角色,并引领着媒介产业进入智能化传播时代,物联网、大数据、云计算、机器学习等全新的技术集群成为智能媒介传播范式不可或缺的部分。研究者认为互联网的"下半场"更像是传播范式与传播逻辑的转场,这无疑受到学界的高度关注,解读视角也日益多元化。尤其是数字化背景下传媒广告业的变革和媒介整合盈利模式的调整,即广告、内容和服务整合到了一起,这冲击着传统的广告营销。互联网视域下传播方法与传播形态的持续创新,智能硬件创新、技术驱动下的市场分工协作、网络直播、共享经济、IP内容独家运营等创新方向让"互联网+"呈现出各种新的指向性,与不同行业的融合也更加紧密[15]。此时传媒经济研究的高频关键词变成了:媒介融合、传媒产业发展、粉丝经济、社群经济、数字化媒体、互联网下半场、大数据时代、社交媒体、传媒规制、平台经济。

此外,2019年基于短视频的"网红直播带货"成为媒介传播行业变现的一大亮点,仅2019年上半年,中国短视频电商转化率达到40%,"短视频+直播+电商"通过打造和深化多元消费场景,释放了更大的商业价值,未来5G或将进一步推动这一领域的场景拓展[16]。这意味着不同于先前的用户付费墙模式,技术的变革降低了原有媒体盈利模式的重要性,并且创造出新的媒介消费路径。基于关系网络形成的圈属群落消费和基于场景形成的沉浸式消费正在成为媒介消费的新兴支撑力量,更多元化的媒介经济形态开始出现在人们眼前,诸如直播带货、粉丝经济、情感经济、数字劳工、游戏玩工等基于关系与场景视角下的消费内容变现成为学科关注的新热点。

综上对于我国传媒经济研究关键词的分析可知,数字化媒体已成为近几年来我国传媒经济学研究的焦点。无论是将新媒体、传统媒体、移动媒体等作为研究对象,还是就媒介融合、三网融合、全媒体矩阵等传媒现象进行研究探讨,都说明随着数字技术的发展,中国传媒经济学学者对数字化背景下传媒在产业形态上的变化给予了充分关注。程明等指出大数据、互联网、人工智能等新技术成为传媒产业融合发展的核心驱动力,助推传媒业革命性的变化,促进传媒产业生态的融合、重构与创新,未来即将开启全新的传媒经济学范式[17]。

三、中国传媒经济学研究议题的聚类分析

以上关键词的共现分析简单地描摹出了 30 年来我国传媒经济研究的图谱,不过仅仅依靠关键词的频数并不能更为清晰地展现传媒经济学的研究框架。所以,本文继续采用文献计量学的方法,进一步对高频关键词进行聚类分析,将核心关键词共现的网络聚合成类,从而构成了传媒经济研究的主要议题板块,以此可以呈现出学科研究的基本地图。

在前人文献的基础上,对中国传媒经济学研究 30 年的核心关键词进行聚类分析之后,从图 2 可以看出整个学科版图基本分为:传统媒体的经济运营管理研究、数字时代传媒产业的经营管理研究、媒介融合转型研究、传媒规制研究、传媒经济本体研究五个主要议题的聚类,每个聚类涵盖了相似的微观问题域,当然可能还有一些相对边缘的研究问题没有作为节点出现在图谱之中,但是本文认为以这五类议题大体可以映照整个传媒经济学科的知识地图。如果说关键词是点,那么由点聚类成面,知识图谱可以为我们提供中国传媒经济学科 30 年的研究版图。

我国传媒经济学始于对传统媒体的经营管理研究,30 年来一直保持着对该领域的持续关注,一路见证了传统媒体经济的黄金时代和日渐走向衰落的过程。改革开放以来,传媒行业走上了"事业性质,企业管理"的道路,传媒市场运营实践处于

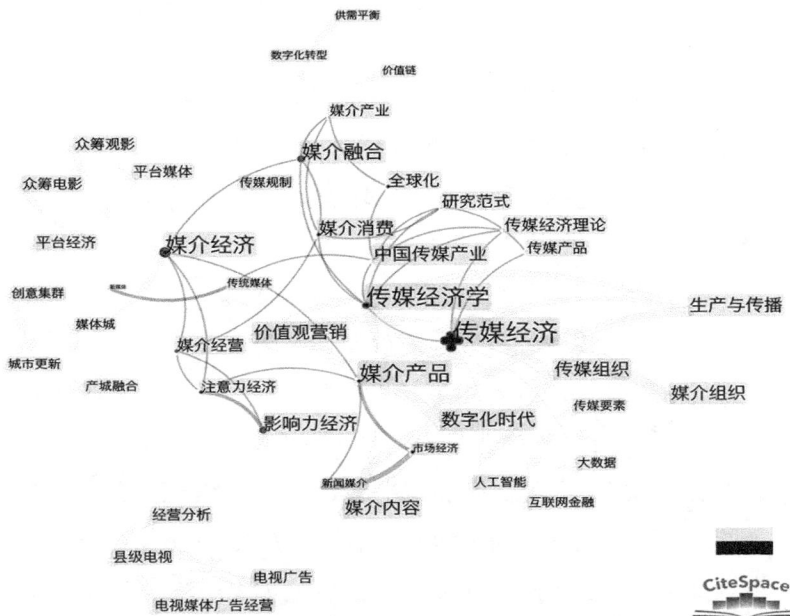

供需平衡
数字化转型
价值链
媒介产业
众筹观影
媒介融合
平台媒体
全球化
众筹电影
传媒规制
研究范式
平台经济
媒介经济
媒介消费
传媒经济理论
中国传媒产业
传媒产品
创意集群
传统媒体
传媒经济学
生产与传播
媒体城
传媒经济
城市更新
媒介经营
价值观营销
产城融合
注意力经济
媒介产品
传媒组织
媒介组织
影响力经济
数字化时代
传媒要素
市场经济
大数据
新闻媒介
人工智能
经营分析
媒介内容
互联网金融
县级电视
电视广告
电视媒体广告经营

CiteSpace

图 2 中国传媒经济学研究核心关键词的共现图谱

向社会主义市场经济靠拢的转型期。传媒业经济特征的逐渐显现引发了学界和业界的思考与探索,也为传媒经济学研究开辟出极大空间[18]。最初从报业的广告经营等核心问题起步,后来延伸到广播、电视的大众传播领域,探索着市场化体制下传媒商品的经济规律以及媒体运营管理的实践经验。直到重新定位了媒体的双重属性角色之后,从单一媒体到媒体集团,从以传者为中心的定位到以受者为中心,从重视采编忽视经营到社会效益与经济效益并重的多重转变,这也是早期传媒经济学研究的重心所在。与传统媒体的研究相对应的是近十年来对数字媒体经济的集中关注。从"旧媒体"到新媒体实乃质的跨越,这个新兴的热门领域涌现出大量的新现象、新问题、新认知,故而有不少学者称之为传媒经济研究的"下半场"。当原初的传媒经济学研究框架遇到新的媒介生态,研究对象、研究问题、研究内容便得到了极大的拓展,这也展现出学科自身的弹性、动态与生命力。正是在新旧媒体交替共存的阶段,出现了传媒经济学科中的热点议题——"媒介融合",这个议题不仅是学科关切的重中之重,而且上升到了国家战略层面。自从国家层面提出"推动传统媒体与新兴媒体融合发展"的重大战略部署以来,相关研究层出不穷且热度持续不减,直至今日也是传媒经济学乃至新闻传播领域绕不过去的议题。此外,30年来始终贯穿我国传媒经济研究的议题还有传媒规制。我国传媒经济的规制处于国家与市场、政治逻辑与商业逻辑之间的博弈,这几乎主导了整个新闻传播的发展历程。不过随着媒介生态的变化,政府对于媒体的规制手段方式逐渐转变,从早期的严苛管制到互联网空间灵活复合的规制方法,其实也是国家与市场处于不同关系阶段的表征。最后是传媒经济的本体论问题,即一直在不断探讨的关于传媒经济本质以及研究范式的论争,其中涉及广泛的今昔、新旧、中外之比较。虽然观点各异、暂无定论,却为传媒经济研究导入了更多元、更深刻、更动态化的理论给养。无论遵循的是经济学、管理学还是传播学的研究范式,无论是注意力经济、影响力经济还是用户经济、关系经济等,都印证着传媒经济学科的包容性,同时预示着未来学科研究的可能空间。

四、结语与反思

本文结合微观层面的关键词共现分析与相对宏观的研究议题聚类分析,试图对我国传媒经济学30年以来的发展历程及变化趋势作出回顾与展望。从初现于20世纪前期的偶然提及,几经起落之后,在改革开放的浪潮之下,终于引起了经济学界的关注,并且在市场化经济体制的催生下形成了传媒经济研究的雏形,自此走上了学科发展的道路。随着国家经济社会的迅速成长,传媒经济学也由"前科学"阶段过渡到"常规科学"发展时期,在全球化、信息化的趋势下继续前行,迎来了学科的上升期,突增的文献数量、不断壮大的研究队伍、多样化的学科背景、定期召开的学术会议、逐渐创立的专业研究机构等标志着学科自觉建制的开始,不过薄弱分散的研究成果和先天缺失的研究范式也给这个年轻的学科带来了艰难的挑战。直到互联网的下半场来临,智能化设备与数字化技术再度激活了传媒经济研究,粉丝经济、社群经济、平台经济等新样态带来了无限可能,此时的传媒经济学重回 21 世纪初的生机。尤其是近几年的 5G、直播、短视频浪潮带来了传媒内容变现的新机遇、新场景、新力量,传媒经济无疑成为国民经济的新增长点,传媒经济研究也释放出更大的想象力。

同时,历时性的回顾也暴露出我国传媒经济研究的诸多问题:首先是经济学范式的相对缺失,这也是中国与西方研究的最大差异所在,由于目前从事传媒经济研究的中国学者以新闻传播背景居多,往往不具备经济学的视角和方法,虽然传媒经济与社会、文化、政治、传播之间不无联系,但是说到底仍然是经济问题,所以范式的不平衡可谓硬伤。其次是研究方法的偏向,除了经济学理论的基础相对薄弱,还有对于经济学传统研究方法的陌生,故而前 20 年的传媒经济研究几乎基于定性的概括归纳,缺乏一定的量化分析手段,不过近年来这一不平衡趋势得到了改观,多元背景的研究者加入以及计算大数据方法的融合使得定量的实证研究多了起来,定量与定性的结合或许可以弥补此前的不足。石义彬等总结的"两个落差、两个脱节"较为准确地指出了其中的问题所在:定性研究与定量研究的落差、宏观研究与微观研究的落差、理论与实践的脱节、经济学理论与传播学理论的脱节[19]。

总体而言,目前我国的传媒经济研究仍处于探索与深化并重的时期,过去的 30 年间研究内容较为丰硕、涉及议题相当广泛,文献数量也极为可观,而重要的研究成果还相对有限。由于理论基础和研究范式还不够成熟完善,学者们对传媒经济学的本质属性仍然存在分歧,学科建设的道路依旧处于努力建构之中。就研究现状而言,中国传媒经济学科突破的可能在于科学研究范式的借鉴与自觉转型,在导入西方传媒经济研究的过程中汲取养分,在中外合作中共同探讨新议题、开拓新视野、紧跟新前沿、回应新现象。展望未来,传媒经济学研究应该立足于中国的国情,即明确我国的媒介属性首先是事业性质,在此前提基础上方可讨论传媒的市场化运营。只有认清并发现本土化媒介发展中存在的真问题,寻找解决实践问题的新理论新方法,才能为全球传媒经济学研究提供独特的中国案例与中国经验。

注释

[1] 姚曦、李斐飞:《学科制度结构视角下的西方媒介经济学起源与演化——基于 SSCI 数据库的知识图谱分析》,《新闻与传播研究》2016 年第 12 期。

[2] 喻国明、何睿:《大数据时代传媒经济研究框架及工具的演化——2012 年我国传媒经济研究文献综述》,《国际新闻界》2013 年第1 期。

[3] 李洁、丁和根:《改革开放 40 年中国传媒经济研究回望与思考》,《传媒观察》2018 年第 12 期。

[4] 卜彦芳、董紫薇:《历史进路、理论记忆与框架建构:中国传媒经济研究四十年》,《现代传播(中国传媒大学学报)》2019 年第 5 期。

[5] 周金侠:《基于 CiteSpace 的信息可视化文献的量化分析》,《情报科学》2011 年第 1 期。

[6] 程明、战令琦:《技术驱动下中国传媒经济研究的知识图谱

(2013—2017 年)——基于文献计量的方法》,《新闻与传播评论》2018 年第 2 期。

[7] 董天策等:《中国报业的产业化运作》,成都:四川人民出版社,2002 年,第 29—30 页。

[8] 穆昭山:《试谈电视广告的作用及不足》,《现代传播(中国传媒大学学报)》1991 年第 4 期。

[9] [美]托马斯·库恩:《科学革命的结构》,金吾伦、胡新和译,北京:北京大学出版社,2003 年,第 5 页。

[10] 陆军:《中国传媒的注意力经济与影响力经济》,《求索》2006 年第 10 期。

[11] 谭天:《新媒体经济是一种关系经济》,《现代传播(中国传媒大学学报)》2017 年第 6 期。

[12] 陈玥:《中国传媒经济学研究历史进路与范式建构》,武汉大学博士学位论文,2014 年。

[13] 曾琼、张金海:《西方传媒经济学研究的历史进路、研究框架与研究范式——兼论中国传媒经济研究的困局》,《现代传播(中国传媒大学学报)》2014 年第 11 期。

[14] 喻国明、刘旸:《媒介融合时代基于大数据的传媒生产创新》,《新闻战线》2015 年第 5 期。

[15] 丁和根、黄贺铂:《技术驱动与全球视野:传媒经济与管理研究新趋向》,《编辑之友》2018 年第 1 期。

[16] 王晓红、郭海威:《2019 年我国短视频发展十大态势》,《新闻与写作》2019 年第 12 期。

[17] 程明、战令琦:《技术驱动下中国传媒经济研究的知识图谱(2013—2017 年)——基于文献计量的方法》,《新闻与传播评论》2018 年第 2 期。

[18] 黄可:《与实践同行:新中国传媒经济研究 70 年(1949—2019)》,《新闻与传播研究》2019 年第 12 期。

[19] 石义彬、周劲:《传媒经济学研究的回顾与反思》,《新闻与传播评论》2004 年第 10 期。

Key Words and Trends of Media Economics Research in China (1990 – 2020) —Analysis of Co-occurrence Map based on Bibliometric Method

CHEN Jiewen

Abstract: Based on the bibliometrics method, this paper collected 429 research papers about Chinese Media Economyics in the core journals of CNKI from 1990 to 2020. Through keyword co-occurrence and cluster analysis by CiteSpace software, Chinese Media Economics can be divided into three stages: pre-science (1990 – 2002), conventional science (2003 – 2012) and paradigm transformation (2013 – 2020). Then the paper compared the core keywords and their changing trends in different research periods. At the same time, cluster analysis is used to describe the knowledge map of Media Economics research in China in the past 30 years, and five research topics of this discipline are briefly reviewed. On the basis of sorting out the existing research results, this paper reflects the existing problems of theories, paradigms and methods in Chinese Media Economics, so as to deal with the opportunities and challenges, dilemmas and development from the wave of globalization, informatization and digitization.

Key words: Chinese Media Economics; Keywords Co-occurrence; Bibliometrics

中国传媒经济研究的关键议题

——基于四本 CSSCI 期刊刊载
文献的分析(2000—2020)

刘天宇

摘　要　中国传媒经济学研究经过多年努力涌现了一批高质量的研究成果,构成了国内传媒经济学研究的"学术地图"。本文在梳理近 20 年来四本 CSSCI 期刊所刊载的传媒经济学研究成果的基础上,归纳出国内传媒经济学研究的九个主要议题,并对每一议题下的不同分析视角进行具体阐述。本文认为,随着媒介环境的不断变化,传媒经济学研究除了需要在理论层面回应不断出现的新现象与新问题,还应为传媒业的可持续性运作提供重要的理论参照与经验借鉴。

关键词　传媒经济学　研究议题　研究视角

引言

经过多年发展,中国传媒经济学研究"形成了越来越稳定的学术范式、初步完备的理论体系、多元化的研究方法及日渐成熟的学科体系"[1],也涌现了一大批高水平的研究成果。本

作者简介　刘天宇,男,南京大学新闻传播学院博士研究生。研究方向:传媒经济与管理。电子邮箱:noah823@163.com。
基金项目　南京大学博士研究生创新研究项目(CXYJ21—22)

文希望通过梳理国内传媒经济学研究的论文成果来考察中国传媒经济学研究的议题指向和关注视角,具体而言:构成中国传媒经济学学术版图的关键议题是什么? 这些议题呈现出何种结构特征与分析层次?

由研究问题出发,本文首先搜集了中国新闻传播学界传统意义上的"四大刊",即《新闻与传播研究》《国际新闻界》《新闻大学》《现代传播(中国传媒大学学报)》中近 20 年来所刊载的传媒经济学论文成果,通过反复阅读、提炼相关主题,最终归纳了近 20 年来国内传媒经济学研究的九个主要议题。以下将对每一议题的指向与该议题下具体研究分析进行阐述。

一、中国传媒经济学研究的九个主要议题

(一)传媒经营与产业扩张

传媒业的经营模式是中国传媒经济学研究的重点议题之一。学者认为传媒产业中媒体组织的管理创新将成为媒体竞争力提升的助推器[2],商业模式创新则可以帮助传媒组织应对不确定的危机[3]。研究者往往立足个案,考察传媒产业或特定媒体组织的商业模式塑造。如刘斌从新制度经济学的角度出发对我国广播电视产业制度创新的成本与收益问题进行了考察[4],又如杨银娟对国内两家报业集团的增量改革进行了探究[5]。也有研究者将视野投向海外媒体组织成功的商业模式,国外报纸网站[6]、非营利调查新闻组织[7]、福布斯集团[8]等都成为这一视角下的考察对象。研究者尤其关注互联网语境下传媒数字化转型对商业模式的新挑战,罗昕等认为媒体组织需要更加重视内容的商业价值,构建以场景为入口、以内容为价值、以连接为中心、以社群为最大公约数的商业逻辑[9]。此外,学者发现,随着社会主义市场经济逻辑落地中国传媒产业,通

过资本运作扩张组织规模并整合资源已成为我国传媒业发展的必由之路[10]。因此，越来越多的研究以传媒上市公司为主要研究对象，从传媒企业并购行为对绩效的影响[11]、企业高管薪酬与经营绩效的关系[12]、传媒企业的规模经济效应[13]等多个层面展开探究。

（二）传媒市场结构特征

传媒市场结构议题聚焦于传媒市场的结构形态和媒体竞争等问题。《中国传媒发展指数》课题组 2008 年发表的报告对当时我国媒体市场开放度进行了测量[14]。有研究表明，中国传媒市场仍存在层级壁垒和差异化的结构性特征[15]。肖赞军分析了产业融合进程中传媒业市场结构的嬗变，认为这一过程中产业链的裂变将重塑传媒市场，最终将形成"竞争性垄断"的市场结构[16]。当下传媒市场中不同行动主体的竞争是发生在媒介融合语境下的媒体竞争，如王亮使用"破坏性创新"理论对新旧媒体如奈飞（Netflix）与 HBO 之间的市场竞争进行考察[17]。丁和根等认为"一国传媒产业在全球市场上的表现，是衡量该国信息传播国家竞争力的重要指标"，探究了我国传媒大公司所具备的四种优势，即成熟的盈利模式、领先的内容产品与技术、抗风险能力强和广泛的品牌影响力，进而指出我国传媒业应采用"大公司"战略进入国际市场竞争，而这离不开国内媒体的产业集群效应与政府政策的扶持与引导[18]。

（三）媒体转型与媒介融合

中国传媒经济研究的第三个关键议题是媒体的数字化转型与媒介融合实践，此议题超越了单一的传媒经济学研究框架，诸多研究取向为该议题提供了多元的考察视角。相较于一些聚焦微观层面的研究，如新闻生产研究，中国传媒经济研究的突出贡献是从宏观视角出发思考媒介产业数字化转型的整体策略。如袁志坚分析了传统报业向数字报业转型的问题[19]。刘荃则对中国电视产业的数字化转型进行了考察,认为电视产业的媒介融合经历了从技术、资本到制度的循序渐进的演化过程[20]。中国开展的媒体融合实践本质上是传统媒体迭代转型为新兴媒体的融合,因此媒体组织需要在多个领域展开颠覆式创新,以推动媒体融合进程[21]。正如学者党东耀所说,"媒介融合是一种媒介再造过程"[22],相关研究也关注到传媒产业顺应媒介融合浪潮的多重努力,如电视与新媒体融合路径、大数据对新闻业态的重塑、报业集团的竞合关系等具体问题。此外,也有研究探究特定媒体组织的机制建构与转型路径。如王学成等对上海报业集团、南方报业传媒集团、浙江日报报业集团的媒体融合模式进行了考察[23],梁智勇则以CCTV、SMG、凤凰卫视与新华社为案例,总结了"战略结盟""引进外部资本""品牌化主导"三种新媒体战略[24]。

（四）传媒体制与媒体规制

传媒体制与媒体规制议题下的研究主要从制度、结构层面考察国家、市场、媒体组织之间的关系逻辑,特别是关注传媒制度改革与媒体规制政策两方面的问题。第一,考察我国传媒体制改革路径。研究者首先比较了传媒体制改革的不同模式及实践过程,发现媒体管理者[25]、改革成本[26]、经济所有制[27]等因素在中国媒体改制过程中的影响作用。徐卫华等强调我国传媒体制改革需要制度性地导入公共利益,重建传媒体制的多元属性结构[28]。更多的研究采用历时性视角探究我国传媒制度的变迁逻辑。周劲梳理了改革开放至 2005 年中国传媒制度变迁历程,将其归纳为"'财政成本拉动型'的企业化阶段""'经济效益推动型'的市场化阶段""'行政力量控制型'的产业化阶段""'政治与资本合作型'的资本化阶段"四个时期,认为我国传媒制度的改革是"供给主导型"的渐进式改革[29]。此外,相关研究也对中国传媒体制变化历程的观念形成与演化逻辑进行了提炼,如王斌等立足学术语境分析了"政经博弈说"这一理论范式[30],也有研究提出中国传媒体制改革中"市场化"观念的演进过程是官方与民间合作博弈的结果[31]。第二,分析社会主义市场经济变迁语境下政府的媒体规制模式。传媒规制行为是政府以及相应的规制部门对传媒行业进行政策干预的行为[32],对媒介生态及媒体竞争力产生深远影响。传媒经济学学者从"实然"和"应然"两个侧面展开讨论,除了介绍西方国家媒介规制政策和行动[33],还对我国政府出台的政策、法规与媒介生产的相互关系加以审视[34],并提出策略性建议[35]。有学者曾对我国传媒产业规制研究文献进行了学术图谱的考察,提出应更加关注规制的原因、效果及社会性规制层面的问题[36]。

(五)传媒广告市场与媒体广告策略

作为媒体经营的重要环节,传媒经济学关注广告市场的宏观特征和媒体的经营广告策略等议题。第一,对传媒广告市场进行考察。这类研究多从宏观视角入手,考察国内媒介广告市场的结构特征与发展态势。如"中国传媒发展指数"课题组2008年发布的报告对全国主要城市人均承载广告额进行了分析[37]。又如陶喜红采用行业绝对集中度指标测量了中国传媒产业广告市场集中度特征,提出产业属性、产业政策和市场行为等是我国传媒产业广告市场集中度的主要影响因素[38]。丁汉青等则在双边市场理论视角下分析了1993—2013年间国内报业市场总印数与广告经营额之间的格兰杰因果关系,提出中国报业市场是由广告主发挥主导作用的双边市场[39]。第二,考察特定类型媒体组织的广告策略。相关研究探讨了传统媒体组织、社交媒体等不同类型媒体组织的广告营销模式及其结构特征。如王菲研究了我国广播电视产业的广告经营机制并提出广告机制创新的策略性建议[40]。赵曙光探讨了社交媒体广告的转化率,提出社交媒体广告的内在价值是身份营销服务,社交媒体广告对情感性产品的影响更为显著[41]。还有研究者从声誉机制的视角探讨了自媒体广告的商业模式,认为自媒体广告更适于情绪消费较强的商品与短期性营销活动[42]。部分研究采用个案研究视角,考察特定媒体组织的广告策略。洪兵等以英国《经济学人》的广告经营与广告营销模式为例,发现该刊物主要依托其特定读者群体,并同时采用"身份暗示的广告设计""样品赠送""多样化的广告渠道"等形式打造自身品牌,在推动广告销售的同时增强对广告主的吸引力[43]。

(六)受众的媒介消费行为

"受众需要是传媒经济活动的出发点"[44],因此探究传媒再生产过程中的受众媒介消费特征就兼具理论与实践意义。该议题的研究从经验和理论两方面展开。第一,受众媒介消费行为的实证调查研究。相关研究通过调查全国或某一特定区域的受众消费行为来探索受众的媒介消费习惯及影响因素。如苏林森对我国不同地区媒介消费形式进行考察,发现工业化水平、城镇化水平和城镇人均可支配收入综合影响着该地区的广告密度和媒介消费密度[45]。曾凡斌则在研究中分析了广州市网民的媒介消费支出状况及影响因素[46]。黄可等将媒介消费定义为"个体基于一定的目的,在多种因素影响下,接触、使用和评价媒介所提供的商品、服务等",并采用定性定量相结合的方法对受众的媒介接触、媒介使用与媒介评价进行考察,探究其影响因素并构建了机制模型[47]。第二,辨析受众媒介消费行为研究的关键概念。苏林森反思了宏观经济学概念"相对常数"在传媒经济学研究中的使用状况,指出现有研究需要突破这一理论框架的限制[48]。这种思路事实上体现了媒介环境变迁下传媒经济学研究理论框架突破的必要性。曲慧等的研究基于移动互联网时代的媒介消费行为特征,提出"超级个体"

和"利基时空"的新视角，在媒介消费研究中引入"时空体积"概念，以解释媒介消费者的决策机制及其对产业发展的潜在影响[49]。

（七）传媒经济理论与传媒经济属性

该议题聚焦传媒经济研究的基本理论问题，如传媒价值创造盈利模式[50]、传媒经济的增长极及其效应[51]、规模经济与范围经济[52]、传媒生产的集聚现象[53]、媒介两级交易[54]、建构媒体品牌竞争力评估的理论模型[55]、传媒经济研究中的相对常数原理[56]，不一而足。这些探讨为国内传媒经济研究学术共同体提供了极有意义的理论参照。此外，国内传媒经济研究者围绕"传媒经济的本质"所展开的讨论取得了丰硕成果。喻国明于 2003 年提出，传媒作为产业的经济本质是"影响力经济"，传媒之于市场的价值大小关键在于它通过其受众对社会实践和社会发展的"影响力"[57]。这一论述引起了国内学界争鸣。吴信训等认为"影响力经济"的判断尚不能完全概括传媒经济的本质，因此提出传媒经济的本质是"舆论经济"[58]。汤李梁则对以上论述加以反思，认为"影响力经济说的概念逻辑模糊不清"且"难以从更深层次说明传媒广告服务的价值根源"，进而提出版权经济和注意力经济是构成传媒产业经济本质的双重内涵[59]。在学者谭天看来，这些判断都具有自身缺陷，传媒经济的本质是一种"意义经济"，包括意义消费、意义影响、意义服务三大部分[60]。随着媒介生态的深刻变化，"新媒体经济是一种关系经济"[61]的论断逐渐兴起，郑青华在阐析数字时代传媒经济运行模式后提出，传媒经济的本质应是一种"连接经济"，即媒介作为"连接器"，在社会多元关系间的互动中创造价值[62]。上述研究者的观点都不能脱离彼时特定媒体产业市场的具体状况，而随着媒介生态的进一步变化，围绕传媒经济本质的探讨也将得到进一步深化。

（八）传播政治经济学

传播政治经济学"从权力结构（包括政治权力和商业权力）与公共利益的关系探讨传媒行业"[63]，并"对现有政治经济体系和传播制度进行了激烈的批判"[64]。目前中国学界充分引介并阐释了传播政治经济学的理论脉络和问题关怀。陈世华分析了北美传播政治经济学中"传播不自由"的观念特征，并对其理论的"盲点"进行了反思[65]。黄典林比较了传播政治经济学与文化研究两大学派的关系[66]。还有研究者运用传播政治经济学的理论框架分析当下传媒业的现实状况。赵永华等经由传播政治经济学的视角分析了资本市场、大众媒介与国家行为的关系[67]。此外，媒体与境外资本之间的关系、另类媒体、数字劳工等问题也被传播政治经济学研究者所关切。

（九）传媒经济学的学科反思

在此议题下，研究者在传媒经济学学科建制层面梳理中国传媒经济学研究的历史演进及现状，反思相关研究的不足，并提出进一步的开拓空间。通过对学科脉络的历时性分析，学者总结了中华人民共和国成立以来传媒经济学的发展趋势，指明了中国特色传媒经济研究与新中国媒介经营管理实践、传媒产业化发展历程的同步性关系[68]。在分析西方传媒经济学研究的发展路径与知识图谱后，研究者认为传媒经济学起源与发展的内部动因是学科制度的四个结构性因素，即职业化的研究学者、学科培养体制、权威出版物以及基金资助[69]。这种对东西方学术脉络和发展动态的洞察最终落回对本土研究的反思中，曾琼等指出当下中国传媒经济研究面临着旧有研究范式缺失与新研究范式尚待形成的局面，因此国内研究者应在借鉴西方理论资源的同时共同回应传媒经济学的核心问题，并努力贡献中国本土经验[70]。

中国传媒经济学学科制度内学术共同体的欠缺也成为关

切学科发展的学者忧虑所在。喻国明等使用文献计量法勾勒了国内传媒经济研究的学术地图,发现国内传媒经济学的知识基础与研究方法依然处在较低层次,国内传媒经济学术共同体事实上尚未完全形成[71]。由此,冉华等提出应吸纳经济学研究者加入传媒经济学的学科共同体[72]。

因新技术而急剧变化的媒介生态也在促使研究者思考传媒经济学的研究对象,理论建构在新的媒介环境下"何以可能"。在王雪野等看来,中国传媒已从"介质传媒"变革为在市场资源要素配置过程中发挥基础作用的"要素传媒",传媒经济的内涵和外延已突破媒介运营、媒介行业产业发展、媒介市场实现等领域,因此研究者需要重新思考新媒介环境下传媒经济研究的对象与范畴[73],传统的传媒经济理论往往呈现为以实践拉动型模式演进,这种积累性研究明显滞后于传媒产业的现实情景[74]。

二、余论

本文综述了近 20 年中国新闻传播学界传统意义上的"四大刊"发表的中国传媒经济研究论文成果,归纳出我国传媒经济学研究的九个主要议题,即传媒经营与产业扩张、传媒市场结构特征、媒体转型与媒介融合、传媒体制与媒体规制、传媒广告市场与媒体广告策略、受众的媒介消费行为、传媒经济理论与传媒经济属性、传播政治经济学、传媒经济学的学科反思,并对每一议题下的不同切入点进行了具体阐释。可以看到,传媒经济学研究是与媒介现实紧密关联的研究领域,核心议题都指向具体政治、经济和文化语境之下传媒经济的现实问题和实践。如学者所言:"传媒政策与技术力量的不断更新、应用以及与其他要素之间的交织共演,直接推动了传媒经济研究的发展"[75]。

通过对九种议题的归纳,本文还发现了三种值得继续关注的传媒经济学研究视角及其变化逻辑。第一,关系的视角。大量研究对比中外传媒市场、媒介产业以及不同类型媒体组织在媒介经营、管理层面的异同,或探究媒介市场中不同行动主体的竞争关系。第二,媒介经济史的视角。已有不少国内传媒经济学研究者对晚清、民国等时期的报刊经营理念作出了梳理以反观当代,为当下的传媒经营提供历史经验借鉴。第三,多元行动者的视角。从报业集团到互联网企业,从新闻行业到影视、动漫行业,研究者开始将多元的传媒经济行动者纳入分析视域,这也将激发传媒经济学研究更大的想象空间。

最后,在本文看来,中国传媒经济学的重要意义在于为处于不断变化的媒介环境中的媒体行动者与政策制定者提供"行动指南"。媒介环境中不断涌现的新现象、新经验亟待传媒经济学研究者进行考察,为传媒行业的可持续性发展提供重要的理论参照与经验借鉴。从这个意义上来讲,中国传媒经济研究正当其时。

注释

[1] 黄可:《与实践同行:新中国传媒经济研究 70 年(1949—2019)》,《新闻与传播研究》2019 年第 12 期。

[2] 丁和根:《传媒管理创新的内涵与功能》,《新闻大学》2004 年第 4 期。

[3] 曾繁旭、王宇琦:《重新定义传媒业的创新:持续性传媒创新与颠覆性传媒创新》,《新闻与传播研究》2019 年第 2 期。

[4] 刘斌:《成本·收益·制度创新——从新制度经济学的角度看广电产业制度创新》,《现代传播(中国传媒大学学报)》2007 年第 2 期。

[5] 杨银娟:《媒体的增量改革:〈广州日报〉和〈南方日报〉报业集团的实证研究》,《国际新闻界》2010 年第 11 期。

[6] 刘学义:《"广告中心"还是"用户中心"? ——美英报纸网站商业模式转型分析》,《新闻与传播研究》2010 年第 3 期。

[7] 张建中:《变革与发展:网络时代美国非营利调查新闻组织的创新模式分析》,《现代传播(中国传媒大学学报)》2012 年第 9 期。

[8] 王积龙、张杰:《从"二八法则"到"长尾模式"——福布斯集团经营模式转型的前因后果》,《新闻大学》2007 年第 3 期。

[9] 罗昕、李怡然:《互联网时代的媒体形态变迁与商业模式重构》,《现代传播(中国传媒大学学报)》2017 年第 10 期。

[10] 朱虹:《我国媒体资本运作浅析》,《新闻大学》2002 年第 3 期。

[11] 梅楠、戴超:《传媒企业并购行为及商誉对绩效的影响》,《现代传播(中国传媒大学学报)》2020 年第 6 期。

[12] 姚德权、李倩:《传媒上市公司高管薪酬激励与经营绩效实证研究》,《现代传播(中国传媒大学学报)》2011 年第 12 期。

[13] 周琳达:《传媒上市公司规模经济的实证分析——基于超越对数成本函数法》,《新闻与传播研究》2014 年第 3 期。

[14]《中国传媒发展指数》课题组:《媒体市场开放度:实测与解析》,《国际新闻界》2008 年第 1 期。

[15] 易旭明:《有效竞争视域下中国电视市场结构再考察》,《现代传播(中国传媒大学学报)》2017 年第 7 期。

[16] 肖赞军:《产业融合进程中传媒业市场结构的嬗变》,《新闻大学》2009 年第 3 期。

[17] 王亮:《电视业的破坏性创新——奈飞与 HBO 之争的案例研究》,《新闻大学》2016 年第 5 期。

[18] 丁和根、林吟昕:《试论中国传媒业国际竞争的大公司战略》,《国际新闻界》2011 年第 1 期。

[19] 袁志坚:《融合与创新:报业集团数字化发展的问题与思考》,《新闻大学》2007 年第 3 期。

[20] 刘荃:《技术、资本与制度——中国电视产业数字转型的困局、条件与路径》,《新闻大学》2016 年第 4 期。

[21] 朱鸿军:《颠覆性创新:大型传统媒体的融媒转型》,《现代传播

（中国传媒大学学报）》2019 年第 8 期。

　　［22］党东耀：《媒介再造——媒介融合的本质探析》，《新闻大学》
2015 年第 4 期。

　　［23］王学成、刘天乐：《我国报业集团叠圈融合模式比较研究——以
上海报业集团、南方报业传媒集团、浙江日报报业集团为例》，《新闻大
学》2019 年第 2 期。

　　［24］梁智勇：《媒介融合背景下传媒集团新媒体战略比较——以
CCTV、SMG、凤凰卫视与新华社为例的研究》，《新闻大学》2009 年第
1 期。

　　［25］易前良：《媒介管理者与传媒产业化：中国广电体制变迁的微观
考察》，《现代传播（中国传媒大学学报）》2018 年第 3 期。

　　［26］张锐：《转型期中国广电媒介体制改革成本分析》，《现代传播
（中国传媒大学学报）》2006 年第 4 期。

　　［27］周俊：《混合所有制：中国传媒产业的一种选择》，《现代传播（中
国传媒大学学报）》2005 年第 1 期。

　　［28］徐卫华、简婷：《基于多元属性的结构重建——我国传媒体制改
革刍议》，《新闻大学》2008 年第 2 期。

　　［29］周劲：《转型期中国传媒制度变迁的经济学分析——以报业改
革为案例》，《现代传播（中国传媒大学学报）》2005 年第 1 期。

　　［30］王斌、王雅贤：《"政经博弈说"及其发展：中国新闻改革中国
家—市场关系的理论考察》，《国际新闻界》2016 年第 9 期。

　　［31］殷琦：《1978 年以来中国传媒体制改革观念演进的过程与机
制——以"市场化"为中心的考察》，《新闻与传播研究》2017 年第 2 期。

　　［32］丁和根：《中西传媒业政府规制行为比较研究》，《新闻与传播研
究》2012 年第 6 期。

　　［33］张亮宇、朱春阳：《当前传媒产业规制体系变革与中国面向的问
题反思》，《新闻大学》2013 年第 3 期。

　　［34］王炎龙、李玲：《媒介规制与媒介生产：一种把关的制衡——基
于 2006—2016 年广播影视法律法规和政策的分析》，《新闻大学》2018 年
第 5 期。

　[35] 肖叶飞:《传媒产业融合与政府规制改革》,《国际新闻界》2011年第 12 期。

　[36] 冉华、李杉:《中国传媒产业规制研究的学术图谱——基于文献关键词的共现分析》,《现代传播(中国传媒大学学报)》2015 年第 4 期。

　[37] 《中国传媒发展指数》课题组:《受众规模与媒体广告:全国主要城市人均承载广告额分析》,《国际新闻界》2008 年第 1 期。

　[38] 陶喜红:《中国传媒产业广告市场集中度研究》,《新闻大学》2014 年第 1 期。

　[39] 丁汉青、彭斯聪:《中国报业市场交叉网络外部性实证研究——兼谈报业市场是否为双边市场》,《国际新闻界》2015 年第 7 期。

　[40] 王菲:《中国电视台广告经营机制创新的特征》,《国际新闻界》2004 年第 6 期。

　[41] 赵曙光:《社交媒体广告的转化率研究:情境因素的驱动力》,《新闻大学》2014 年第 4 期。

　[42] 张慧子:《从声誉机制看自媒体广告商业模式》,《现代传播(中国传媒大学学报)》2017 年第 10 期。

　[43] 洪兵、朱昭昭:《〈经济学人〉的广告经营与广告营销》,《新闻大学》2011 年第 2 期。

　[44] 燕道成:《受众需要是传媒经济活动的出发点》,《国际新闻界》2005 年第 2 期。

　[45] 苏林森:《城市化、工业化和收入水平对媒介消费水平的影响》,《国际新闻界》2009 年第 2 期。

　[46] 曾凡斌:《媒介消费支出的状况及影响因素分析——一项微观经济角度下的实证研究》,《现代传播(中国传媒大学学报)》2013 年第 4 期。

　[47] 黄可、柯惠新:《本源、动力与核心:媒介消费的影响因素及其作用机制研究》,《新闻与传播研究》2014 年第 4 期。

　[48] 苏林森:《相对常数研究的方向:超越常数的媒介消费研究》,《国际新闻界》2008 年第 9 期。

　[49] 曲慧、喻国明:《超级个体与利基时空:一个媒介消费研究的新

视角》,《新闻与传播研究》2017 年第 12 期。

[50] 曾凡斌:《传媒价值创造盈利模式的内涵、策略与应用》,《国际新闻界》2011 年第 4 期。

[51] 张辉锋:《传媒经济增长极及其效应分析》,《国际新闻界》2009 年第 10 期。

[52] 张辉锋:《传媒业中的规模经济与范围经济》,《国际新闻界》2004 年第 6 期。

[53] 王斌:《灰空间与传媒产制的集聚》,《国际新闻界》2007 年第 9 期。

[54] 彭健:《媒介两级交易》,《现代传播(中国传媒大学学报)》2003 年第 6 期。

[55] 薛可、余明阳:《媒体品牌竞争力评估的理论模型》,《新闻大学》2007 年第 3 期。

[56] 王春枝:《相对常数原理的内涵、批判与发展》,《国际新闻界》2008 年第 4 期。

[57] 喻国明:《影响力经济——对传媒产业本质的一种诠释》,《现代传播(中国传媒大学学报)》2003 年第 1 期。

[58] 吴信训、陈积银:《舆论经济:传媒经济的本质解析》,《中国传媒报告》2005 年第 2 期。

[59] 汤李梁:《传媒经济本质的双重内涵——"影响力经济"再反思》,《国际新闻界》2006 年第 10 期。

[60] 谭天:《传媒经济的本质是意义经济》,《国际新闻界》2010 年第 7 期。

[61] 谭天:《新媒体经济是一种关系经济》,《现代传播(中国传媒大学学报)》2017 年第 6 期。

[62] 郑青华:《连接经济:传媒经济本质的再阐释》,《新闻大学》2018 年第 6 期。

[63] 章平、池见星:《10 年来中国传媒经济研究回顾——对 1996 年至 2005 年〈新闻与传播研究〉、〈新闻大学〉的实证分析》,《新闻大学》2007 年第 2 期。

［64］陈世华：《"我们不自由的传播"：北美传播政治经济学的理论精髓》，《国际新闻界》2012年第1期。

［65］陈世华：《"我们不自由的传播"：北美传播政治经济学的理论精髓》，《国际新闻界》2012年第1期。

［66］黄典林：《传播政治经济学与文化研究的分歧与整合》，《国际新闻界》2009年第8期。

［67］赵永华、姚晓鸥：《传播政治经济学视阈下对哈贝马斯公共领域理论的再审视：资本、大众媒介与国家》，《国际新闻界》2015年第1期。

［68］黄可：《与实践同行：新中国传媒经济研究70年（1949—2019）》，《新闻与传播研究》2019年第12期。

［69］姚曦、李斐飞：《学科制度结构视角下的西方媒介经济学起源与演化——基于SSCI数据库的知识图谱分析》，《新闻与传播研究》2016年第12期。

［70］曾琼、张金海：《西方传媒经济学研究的历史进路、研究框架与研究范式——兼论中国传媒经济研究的困局》，《现代传播（中国传媒大学学报）》2014年第11期。

［71］喻国明、宋美杰：《中国传媒经济研究的"学术地图"——基于共引分析方法的研究探索》，《现代传播（中国传媒大学学报）》2012年第2期。

［72］冉华、王凤仙：《基于文献计量分析的我国传媒经济学研究现状》，《新闻大学》2014年第6期。

［73］王雪野、郭立宏：《传媒变革与传媒经济发展研究》，《现代传播（中国传媒大学学报）》2019年第1期。

［74］韩运荣：《如何建构性发展我国传媒经济理论》，《国际新闻界》2011年第6期。

［75］卜彦芳、董紫薇：《历史进路、理论记忆与框架建构：中国传媒经济研究四十年》，《现代传播（中国传媒大学学报）》2019年第5期。

Key Topics in Chinese Media Economic Study
—An Analysis of Literature Published in
Four CSSCI Journals (2000 – 2020)

LIU Tianyu

Abstract: After years of efforts, Chinese Media Economics study has produced a number of high-quality achievements, which constitute the "academic map" of this research field in China. This paper analyses the previous Media Economics researches published in four CSSCI journals in recent 20 years, summarizes nine main topics of domestic Media Economics study, and expounds the different analysis perspectives under each topic. This paper holds that due to the continuous change of media environment, the research of Media Economics should not only respond to the emerging new phenomena and problems on the theoretical level, but also provide important theoretical and empirical reference to the sustainable development of the media industry.

Key words: Media Economics Study; Research Topics; Research Perspectives

新媒体背景下中国传媒经济研究学者特征分析

——基于 CSSCI(2005—2020)来源期刊的考察

王 薇

摘 要 中国传媒经济研究的发展与学者密切相关。把握新媒体背景下传媒经济研究学者的特征，可以更好地促进学科发展，满足时代需要。本研究通过整理 2005—2020 年 CSSCI 来源期刊中传媒经济学相关文章，以中国传媒经济研究学者为对象，收集其履历信息，分析学者群体和学科发展特征。研究发现，"70 后""75 后"学者是传媒经济研究的中坚力量，男女比例呈现较为不均衡的状态，学者主要毕业和供职于国内高校的新闻传播学院(系)。在研究方法的使用、研究议题的挖掘、科研基金的支持等方面还有待优化和提升。

关键词 新媒体 传媒经济 学者特征

一、问题的提出

随着中国互联网和媒介技术的发展，新媒体的传播形态嵌入人们日常生活，我国传媒经济产业和相关研究也伴随着实践

作者简介 王薇，女，南京大学新闻传播学院博士研究生。研究方向：艺术传播与管理。电子邮箱：wangwei75814@163.com。

发生巨大变化。中国传媒经济研究自 2000 年起逐步"系统化",并且基于新问题、新认识以及新理解,开启了研究的"下半场"。特别是以 2005 年为起点的新媒体技术的发展,不仅推动了传媒的全方位变革,也促成传媒产业在规模化的基础上进入深度调整期[1],传媒产业实践的发展也推动着传媒经济研究与之同行。

中国传媒经济的研究和学科发展,离不开众多学者、人才的耕耘和努力。新媒体快速发展的背景下,传媒经济学者的研究工作也需匹配实践需要并助力推动现实发展。2018 年中共中央办公厅、国务院办公厅印发《关于分类推进人才评价机制改革的指导意见》,明确要求建立健全中国特色的哲学社会科学和文化艺术人才评价体系,推进中国特色哲学社会科学学科体系、学术体系、话语体系建设。可见,人才评价体系与学科、学术、话语体系应是相辅相成的关系,并且要立足于中国特色和时代特点。

中国传媒经济发展 70 余年,具有较为鲜明的阶段特点。技术的进步、传播语境的改变、传统话语权的解构和内容生产方式的转变是当下"新媒体"背景的特点[2]。本研究立足于分析新媒体背景下我国传媒经济研究学者的特征,结合近年来该学科对媒介经营管理实践、媒介产业化发展的研究成果,以期把握新媒体背景下中国传媒经济研究和学科发展的规律及方向。

二、研究设计与数据来源

（一）研究现状、方法与内容

1. 研究现状

国内对于某一学科或领域的研究学者特征分析采用的研究方法主要集中在内容分析法与文献计量法上。如夏清华等采用内容分析法，从学者的个人、科研与外在三个方面探讨学者的创业动机[3]。又如杨芳娟等通过对学者和其发表论文的科研履历、科学计量以及计量经济分析，考察中国高被引学者的跨国流动特征和影响[4]。可以说，以上两种分析方法是研究学科发展、学者特征的重要分析范式，可以描绘出某一学科或研究领域的学术地图和学术共同体。

国内致力于总结和反思传媒经济研究的论文主要是综述年度和阶段时间内公开发表的论文、报告等成果，对传媒经济学发展状况和相关问题进行描述性阐释。如戴元光等的《新世纪中国传媒经济研究综述》[5]，喻国明等基于 2014 年中国传媒经济研究所做的文献综述[6]等。此外，也有一些研究采用文献计量方法对传媒经济研究的知识图谱进行多维分析。最早如喻国明等采用共引分析与社会网络分析方法对 1998—2009 年传媒经济主题论文进行多元统计分析，对学术共同体状况与研究问题做了梳理与分类[7]；程明等对 2013—2017 年新闻传播学类核心期刊中栏目和论文作者进行统计，对论文的高频关键词进行词频分析、社会网络分析、聚类分析，归纳传媒经济研究的主要议题[8]。

通过梳理已有研究可以发现，勾勒中国传媒经济研究学术地图的论文的主要研究对象多为学术论文，所涉及的研究问题也据此展开，分析中国传媒经济研究学者特征的研究成果则很少。本研究认为，学者是学术研究的基石，某一学科或领域研究学者的社会人口学特征（如性别、年龄、地域、教育等）从某种程度上更能直观地反映出学科发展的时空分布状况。因此，分析中国传媒经济领域学术人才的结构性特征将有助于把握驱动学术创造力和凝聚学术共同体的关键因素。

2. 研究方法

本研究采用人员履历（Curriculum Vitae，简称 CV）分析方法,对传媒经济研究学者群体进行分析。CV 分析是一种在科技人才政策与科研评价研究中应用的工具与方法[9]。学术履历可以记录一个学者的成长经历,目前对学术履历进行的研究主要在国家层面(科技人员流动模式)、科学共同体层面(科技人员职业特征分析与资助模式)、科研人员个人层面(科技人员职业生涯发展研究)三个层面展开[10]。履历分析方法可以对学者的现状、稳定状况与竞争择优等问题有较好把握,进而为人才政策的调整提供参考,促进有价值的学术创新工作的持续开展。

本研究根据数据库中关键词和引证数据确定中国本土传媒经济研究学者名单,分别从人员履历分析方法所涉及的性别与年龄、机构与地域、教育背景(包含最后学位、毕业院校、留学经历)、研究方法(质性与量化)、专题领域与基金资助情况六大方面进行具体分析。人员履历信息数据库格式如表 1 所示。

表 1　中国传媒经济研究学者 CV 信息数据库(2005—2020)

序号	类别	姓名	性别	年龄	机构	地域	最后学位	毕业院校	留学经历	质化与量化	专题领域	基金资助
1												
…												

本研究认为通过对学者性别与年龄分布分析可以更好地把握当下传媒经济研究学者的内部结构;学者所供职机构的地域分布可从地理空间角度展示传媒经济研究的差异,反映其发展的均衡性;考察学者的教育背景(主要集中在最后学位及培养单位)可以了解该领域人才培养情况;通过整理和分析学者重要成果的主要研究方法,可以发现传媒经济学领域研究方法的特征和适配性;分析学者的主要研究领域与方向有利于探查

国内传媒经济学在新闻传播学术版图的位置以及和其他社会科学学科之间的交叉性,并进一步思考学者的研究旨趣与中国传媒经济现实问题和理论需求的关系;基金资助情况可以反映学者的科研实力、能力以及影响力。分析步骤分为以下四步进行,如图 1 所示。

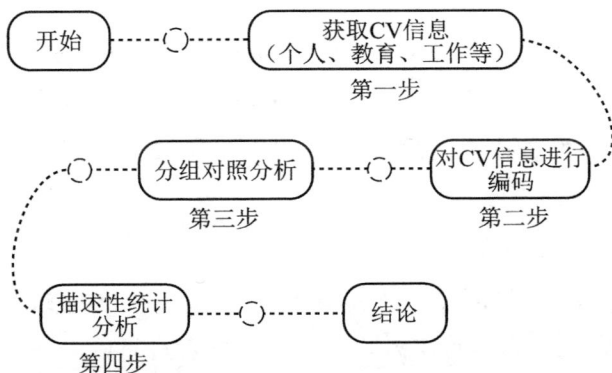

图 1　中国传媒经济研究学者 CV 分析步骤

（二）数据来源与变量说明

1. 数据来源

本研究的数据来源于中国知网（CNKI）数据库。由于目前中国传媒经济研究的成果主要集中在新闻与传播领域,故本研究以中国社会科学引文索引（CSSCI）来源期刊目录（2021—2022）所公布的新闻学与传播学期刊为数据范围。入选 CSSCI 的文章能够较好地反映当前我国社会科学学科中最新研究成果,且学术水平较高、影响较大、编辑出版较为规范,这些刊物上所刊登的传媒经济学研究成果有较高价值。本研究以中国知网（CNKI）数据库公开的 2005—2020 年 CSSCI 来源期刊发表的论文作为样本来源,分别以与传媒经济学有关的"传媒经济""媒介经济""传媒管理""媒介管理"为主题进行文献检索、梳理和净化（见表 2,简讯等非研究性质文章不包含其中）,共计获得 120 位中国学者为第一作者的传媒经济学论文 179 篇。再借助网络、书籍等可公开获得的信息资源,提取学者的个人信息,包括年龄、学科领域等基本信息,教育与科研工作经历等成长信息以及科研基金支持和发表成果的被引和下载量等信息。

2. 变量说明

(1) 被引频次

被引频次(cited frequency)是指论文被引用的总次数,在一定程度上说明了学者研究成果的学术影响力。故本研究整理出学者发表数量、被引频次以及下载数量(数据抓取时间:2021 年 7 月 6 日)。

(2) 学者类型

虽然学界目前对于科研人员的学术产出峰值年龄并未形成定论[11],但以年龄作为政策工具对学者进行区隔在一定程度上反映了人才培养现状和标准。参考国家高层次人才培养支持体系(如"国家杰出青年科学基金"项目等)对青年学者申请条件的规定,以及学界已有共识,人文社会科学领域将年龄在 45 周岁以下的学者视为青年学者。由于统计的文献数据截至 2020 年,因此本研究以 1975 年为时间截点,按出生年份将学者类型分为青年学者与非青年学者。本研究主要通过学者所在单位网站的个人简介或所发表论文中的出生年份标注进行数据统计,其中无法统计到的信息标记为"未知"。

(3) 其他变量

除被引频次和学者类型之外,本研究还涉及学者性别、年龄、机构、地域、教育背景(包括最后学位、毕业院校、留学经历)、研究方法、研究领域与基金资助情况等变量。其中,性别、年龄、机构、地域、教育背景以及基金资助情况从学者所在工作单位官网中的个人简介和发表论文的标注中获取,研究方法主要根据所发表论文使用的方法进行归类。

表 2　2005—2020 年传媒经济文献统计表

期刊名称＼年份	2005	2006	2007	2008	2009	2010	2011	2012	2013	2014	2015	2016	2017	2018	2019	2020	总计
编辑之友	—	—	1	—	—	—	—	3	1	1	1	1	1	2	1	—	12
出版发行研究	—	3	—	—	—	—	—	—	—	—	—	—	—	1	—	—	4
当代传播	2	4	—	2	2	—	—	2	2	1	1	2	1	1	—	—	20
国际新闻界	4	—	3	1	6	2	3	1	6	2	2	2	1	2	1	—	36
科技与出版	—	—	—	—	—	—	—	—	—	—	—	—	4	1	—	—	5
现代传播（中国传媒大学学报）	5	5	4	4	—	3	1	3	2	2	—	—	3	—	2	1	35
新闻大学	—	1	2	—	—	—	—	—	1	4	—	1	—	1	—	—	10
新闻记者	2	—	—	—	—	—	—	—	1	1	1	—	—	—	—	—	5
新闻界	1	1	2	2	4	3	2	—	1	3	1	1	—	1	—	—	22
新闻与传播研究	—	2	—	1	—	—	—	1	—	2	2	—	—	1	1	—	10
新闻与写作	—	—	—	2	3	1	—	—	1	1	1	1	2	2	2	—	13
中国出版	—	—	1	—	1	—	—	—	1	1	1	1	1	—	—	—	7
总计	14	16	13	12	16	9	6	10	16	18	10	9	12	11	6	1	179

三、中国传媒经济研究学者群体特征

根据上文所述的数据来源及界定方式,整理出 2005—2020 年的 120 位中国传媒经济研究学者(见表 3,按照姓氏拼音排序)。其中,发表论文数量在 2 篇及以上的学者有 24 人,文章总计被引数量超过 10 次的有 47 人。在可统计的年龄信息中,青年学者有 37 人。

表 3 传媒经济研究的学者名单

姓名	年龄	机构
白贵	55 后	河北大学
卜新章	70 后	南京师范大学
卜彦芳	70 后	中国传媒大学
蔡雯	60 后	中国人民大学
曹晋	65 后	复旦大学
曹璞	90 后	中国人民大学
陈力丹	70 后	中国人民大学
陈鹏	80 后	中国传媒大学
陈守湖	70 后	陕西师范大学
陈欣新	未知	中国社会科学院
陈燕	65 后	湖南工业大学
崔保国	60 后	清华大学
戴元光	50 后	上海大学
党东耀	65 后	华中科技大学 & 广西大学 & 郑州大学
丁汉青	75 后	中国人民大学
丁和根	60 后	南京大学
丁晓蔚	75 后	南京大学
樊拥军	70 后	中国人民大学
方琦	55 后	西南财经大学
方卿	65 后	武汉大学
方延明	50 后	南京大学
葛明骢	75 后	安徽大学 & 清华大学
葛岩	55 后	上海交通大学
顾永波	75 后	复旦大学
郭全中	75 后	南方报业传媒集团战略运营部
国秋华	70 后	安徽大学
韩运荣	70 后	中国传媒大学
杭敏	70 后	清华大学
郝雨	55 后	上海大学
何春雨	75 后	中国传媒大学

（续表）

姓名	年龄	机构
何镇飚	70后	浙江大学
胡婷婷	80后	宿州学院
黄河	75后	中国人民大学
黄可	未知	中央财经大学
贾乐蓉	70后	中国传媒大学
江虹	75后	华南理工大学
孔祥军	60后	青岛大学
蓝燕玲	75后	厦门大学
李红祥	75后	衡阳师范学院
李红艳	65后	中国农业大学
李怀亮	60后	中国传媒大学
李声	60后	江苏省广播电视总台
李雅筝	85后	安徽大学
李宜篷	70后	四川大学
李珍晖	未知	中国传媒大学
梁君	70后	广西师范大学
梁栩凌	65后	北京信息科技大学
林翔	未知	武汉工商学院
刘平	70后	四川大学
刘庆振	85后	北京信息科技大学
刘小燕	60后	中国人民大学
吕尚彬	60后	武汉大学
孟伟	70后	中国传媒大学
宁青青	75后	宿州学院商学院
钱广贵	75后	华中农业大学
冉华	70后	武汉大学
任翔	未知	澳大利亚西悉尼大学
商建辉	75后	河北大学
孙俨斌	未知	北京大学
谭天	55后	暨南大学
陶喜红	70后	中南民族大学
田莺	85后	南京大学
涂凌波	85后	中国传媒大学
王春枝	未知	北京第二外国语学院
王亮	未知	西安外国语大学
王琪泰	50后	江苏省社会科学院
王胜源	80后	辽宁工程技术大学
王雪野	70后	中国传媒大学
王怡红	60后	中国社会科学院
王永亮	70后	中国政法大学
吴佳玲	95后	上海交通大学
吴江文	75后	重庆工商大学
吴文虎	35后	暨南大学
吴信训	45后	上海大学
吴赟	80后	浙江大学

（续表）

姓名	年龄	机构
武鸿鸣	55 后	新疆财经大学
向熹	70 后	武汉大学
谢征	75 后	中国人民大学 & 湖南理工学院
徐剑	75 后	上海交通大学
薛敏芝	未知	上海大学
严克勤	55 后	无锡市广播电视局
严三九	65 后	华东师范大学
燕道成	70 后	中国人民大学 & 湖南师范大学
杨勇	未知	中国传媒大学
姚曦	60 后	武汉大学
易文	65 后	广西大学
易旭明	70 后	上海师范大学
余婷	未知	四川省社会科学院
俞凡	75 后	中国海洋大学 & 厦门大学
喻国明	55 后	中国人民大学 & 北京师范大学
袁靖华	75 后	浙江传媒学院
昝廷全	70 后	中国传媒大学
曾凡斌	70 后	暨南大学
曾来海	75 后	南京师范大学
曾琼	80 后	武汉大学
张宏	70 后	中国传媒大学
张辉锋	70 后	中国人民大学
张金海	50 后	武汉大学
张晋升	60 后	暨南大学
张昆	60 后	中国新闻史学会
张亮宇	85 后	复旦大学
张宁	未知	中山大学
张世海	75 后	安阳师范学院
章平	70 后	复旦大学
赵启正	40 后	中国人民大学
赵睿	90 后	中国人民大学
赵曙光	75 后	清华大学
赵文荟	65 后	南京日报报业集团《金陵瞭望》杂志社
赵星耀	75 后	兰州大学 & 华中科技大学 & 青岛大学
赵雅文	60 后	渤海大学
赵志立	50 后	四川省社会科学院
郑保卫	45 后	中国人民大学
郑达威	80 后	郑州大学
郑青华	未知	烟台大学
支庭荣	65 后	暨南大学
周鸿铎	40 后	中国传媒大学
周建新	80 后	中国传媒大学
周劲	65 后	武汉大学
周正兵	70 后	中央财经大学
朱春阳	70 后	复旦大学

资料来源：作者统计和整理[12]

（一）性别与年龄

在这 120 位学者中，男性学者和女性学者数量分别为 88 位和 31 位（另有 1 位学者性别未知），男女学者数量呈现较大差距。从年龄来看，除去未能获取其具体年龄段的 13 位学者，通过目前已获取的信息统计可得，年龄最大的学者生于 1936 年，年龄最小的学者生于 20 世纪 90 年代，学者的年龄跨度较大。具体来看，生于 1970—1980 年的学者是中国当下传媒经济学研究的中坚力量，"70 后"和"75 后"学者分别为 29 人、22 人，学者占比超过 30%。

从学者性别与论文被引数量的分布和交叉比较来看，男性学者所发表的传媒经济学论文被引数量普遍高于女性学者（见图 2）。对比"70 后""75 后"学者数量与论文被引数量的分布，论文平均被引 50 次以上的"70 后"学者数量大于"75 后"学者，虽然在学者数量分布上"70 后"与"75 后"基本持平，但在论文被引数量上，"70 后"整体实力还是高于"75 后"（见图 3）。

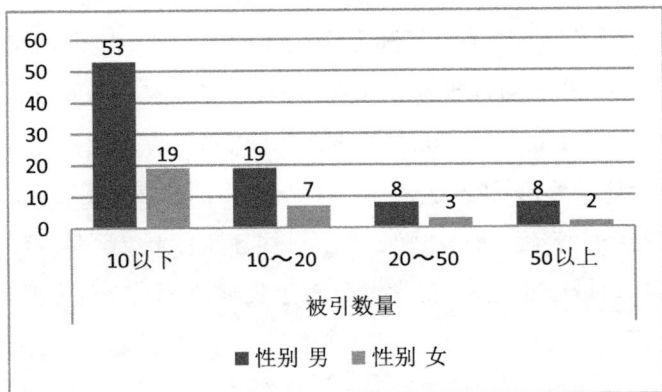

图 2　学者性别与论文被引数量分布

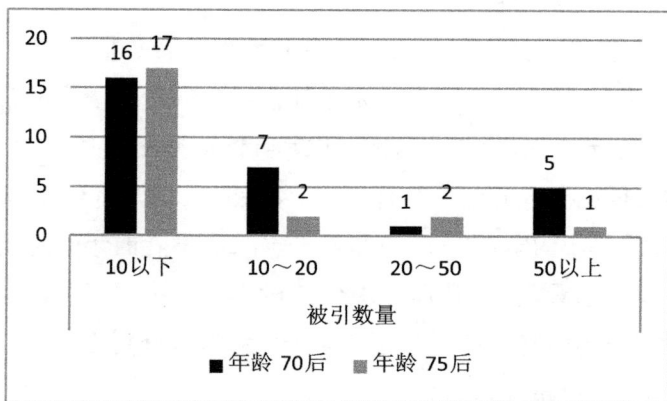

图 3　"70 后""75 后"学者数量与论文被引数量分布

(二) 机构与地域

这 120 位学者分别就职于 59 个机构(论文标注多处机构的,以第一个为主),包括 52 所高校、3 所社会科学院和 4 所业界媒体机构。学者主要集中在高校的新闻传播学院(系)。具体来看,学者数量超过 3 位的机构共有 10 所,分别是中国传媒大学、中国人民大学、武汉大学、复旦大学、暨南大学、南京大学、上海大学、安徽大学、清华大学和上海交通大学。这 10 所高校拥有 64 位学者,占比超过学者总人数的一半。此外,四川大学、南京师范大学、河北大学、北京信息科技大学、四川省社会科学院、中国社会科学院、浙江大学、中央财经大学 8 所机构均分别有 2 位传媒经济学学者。另有其他 40 所机构各拥有 1 位学者。

从地域分布上来看,学者分布于我国 20 个省市,主要集中在北京、上海、湖北与江苏四处(见表 4)。北京有 43 人,具有绝对数量优势,可视为第一梯队;其次是上海的 14 人,湖北的 12 人,江苏的 11 人,视为第二梯队;此外,广东、四川、安徽、山东、浙江五地的学者数量分别为 8 人、5 人、4 人、3 人和 3 人,将其视为第三梯队(见图 4)。前三梯队学者总数量为 103 人,占比超过 85%,其余省市地区的学者数量在 3 人以下。

表 4　传媒经济学者所在机构及地域

地域	机构	学者人数	总人数
安徽	安徽大学	3	4
	宿州学院商学院	1	
澳大利亚	澳大利亚西悉尼大学	1	1
北京	北京大学	1	43
	北京第二外国语学院	1	
	北京信息科技大学	2	
	清华大学	3	
	中国传媒大学	15	
	中国农业大学	1	
	中国人民大学	14	
	中国社会科学院	2	
	中国新闻史学会	1	
	中国政法大学	1	
	中央财经大学	2	
福建	厦门大学	1	1
甘肃	兰州大学	1	1
广东	华南理工大学	1	8
	暨南大学	5	
	南方报业传媒集团战略运营部	1	
	中山大学	1	
广西	广西大学	1	2
	广西师范大学	1	
河北	河北大学	2	2
河南	安阳师范学院	1	2
	郑州大学	1	

（续表）

地域	机构	学者人数	总人数
湖北	华中农业大学	1	
	武汉大学	8	
	武汉工商学院	1	12
	中南民族大学	1	
	华中科技大学	1	
湖南	衡阳师范学院	1	2
	湖南工业大学	1	
江苏	江苏省广播电视总台	1	
	江苏省社会科学院	1	
	南京大学	4	
	南京日报报业集团《金陵瞭望》杂志社	1	
	南京师范大学	1	11
	宿州学院	1	
	南京师范大学	1	
	无锡市广播电视局	1	
辽宁	渤海大学	1	2
	辽宁工程技术大学	1	
山东	青岛大学	1	
	烟台大学	1	3
	中国海洋大学	1	
陕西	陕西师范大学	1	2
	西安外国语大学	1	
上海	复旦大学	5	
	华东师范大学	1	
	上海大学	4	14
	上海交通大学	3	
	上海师范大学	1	

（续表）

地域	机构	学者人数	总人数
四川	四川大学	2	5
	四川省社会科学院	2	
	西南财经大学	1	
新疆	新疆财经大学	1	1
浙江	浙江传媒学院	1	3
	浙江大学	2	
重庆	重庆工商大学	1	1
总计		120	

资料来源:作者统计和整理

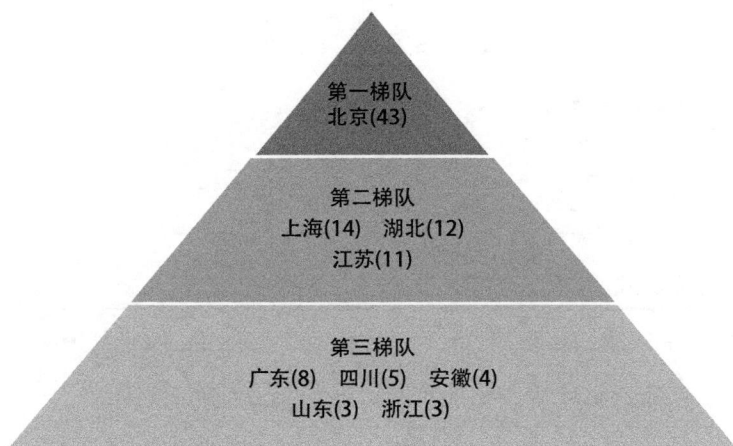

第一梯队
北京(43)

第二梯队
上海(14)　湖北(12)
江苏(11)

第三梯队
广东(8)　四川(5)　安徽(4)
山东(3)　浙江(3)

图4　学者地域分布数量梯队分布

（三）教育背景

在可统计到的数据中,有93位学者获得了博士学位,占总学者人数的77.5%。其中,有9位学者在海外攻读博士学位,分别毕业于澳大利亚西悉尼大学、柏林自由大学、俄罗斯莫斯科大学、美国匹兹堡大学、日本东北大学、日本神户大学、日本筑波大学、瑞典延雪平大学和美国斯坦福大学。统计到有75

位学者毕业于内地高校,这说明本土博士培养为中国传媒经济学研究和发展贡献较大。其中,培养传媒经济学人才最多的五所高校是中国人民大学、武汉大学、中国传媒大学、复旦大学和南京大学(见表5)。另外有9位学者公开信息显示具有博士学位,但未知其具体毕业高校。

表5　本土传媒经济学学者获得博士学位的培养单位

博士培养单位	人数	博士培养单位	人数
中国人民大学	17	浙江大学	2
武汉大学	13	中国社会科学院	2
中国传媒大学	10	北京大学	1
复旦大学	7	暨南大学	1
南京大学	6	河北大学	1
华中科技大学	2	兰州大学	1
厦门大学	2	南京师范大学	1
上海大学	2	西北大学	1
上海交通大学	2	中国科技大学	1
四川大学	2	中南大学	1

（四）发表数量

发表传媒经济研究成果较多的期刊有《国际新闻界》(占比20.1%)、《现代传播(中国传媒大学学报)》(占比19.5%)、《新闻界》(占比12.3%)、《当代传播》(占比11.2%),这4个期刊发表传媒经济研究论文数量超过总数量的60%,篇数上差异较明显(见图5)。

从年份分布来看,这15年来传媒经济研究发文数量呈波动状态。2006年、2009年、2013年和2014年分别发表论文16篇、16篇、16篇和18篇,但近3年来发文数量呈现逐年递减趋势(见图6)。

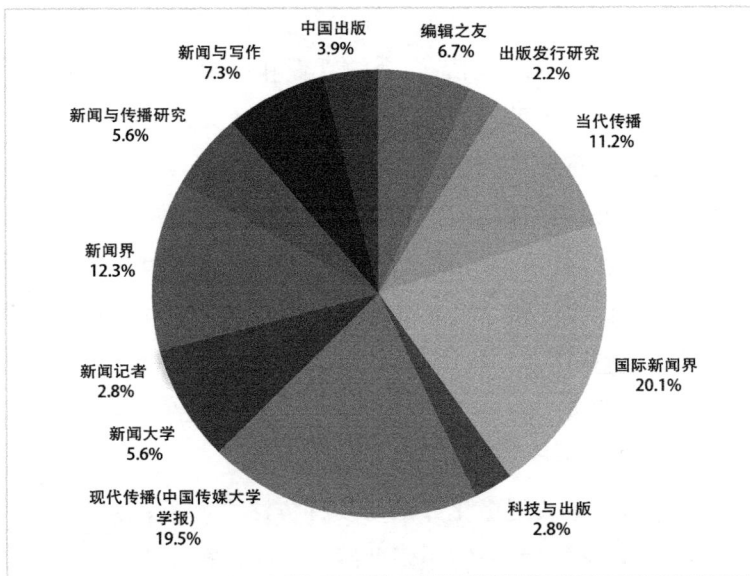

图5 传媒经济研究论文的期刊分布（2005—2020）

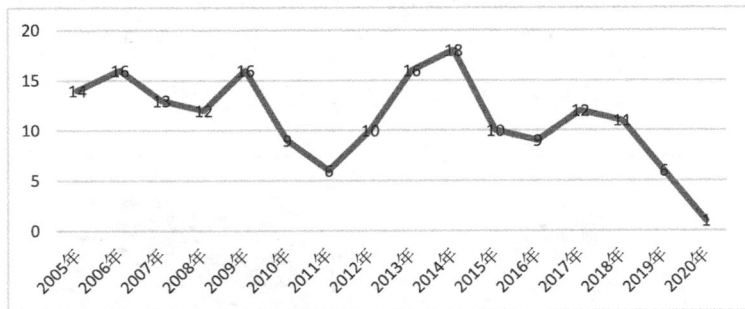

图6 传媒经济研究论文年份分布

（五）研究旨趣

通过整理中国知网（CNKI）数据库对论文的专题分类（存在专题重合的情况），可看出超过 91.6％的文献在"新闻与传媒"专题下；超过 53.6％的论文与"经济""文化经济"专题有关；还有少部分文献涉及"出版""市场研究与信息""图书情报与数字图书馆""民商法"等专题。

具体到论文的研究议题上,这 179 篇论文中被引用频次较高的论文的主要议题包括:媒介的管理和体制变革、传媒经济的历史发展与理论范式、传媒经济的本质和关系、新技术环境下传媒经济的现象与问题、传媒经济研究的文献综述与计量分析等。从论文的具体内容来看,学者尤其关注新媒体变化发展的背景下,我国传媒经济领域发生的现象、转型及其对策,其中不乏探究中国本土语境的传媒经济问题,如"网红经济""规制变革""产业整合"等。这说明中国学者积极回应当代中国传媒经济领域的重大、重点问题,而不是仅依靠西方的理论范式。

(六) 研究方法

社会科学中关于量化方法与质性方法之间的范式争论一直存在。传媒经济学研究中两种研究方法各有优势和局限性,不免被拿来比较。图 7 显示,质性研究方法在 2005—2020 年传媒经济研究中占据主导地位,179 篇论文中有 86% 使用质性研究方法,但也有部分学者在研究中寻求两种方法的交融,6.7% 的学者实现了对两种研究方法的兼用(见图 8)。

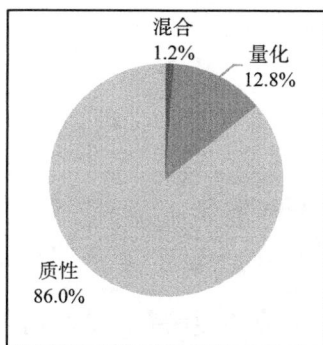

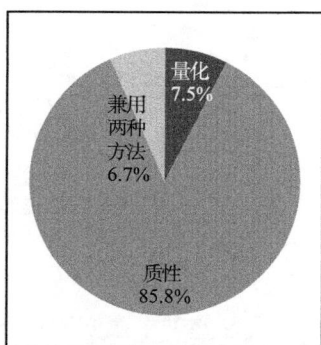

图7 传媒经济论文采用的研究方法　　**图8 传媒经济学者使用的研究方法**

从性别视角审视社会科学研究方法,尽管有学者视量化方法与质性方法之间的范式争斗为"两性战争的另一种形式",男性学者常用量化方法,女性学者更偏爱质性研究方法[13],但这在传媒经济研究中并未得到有效验证。在使用量化研究方法的学者中，男女比例基本持平；而在使用质性研究方法的学者中，男性学者则远高于女性学者（见图9）。

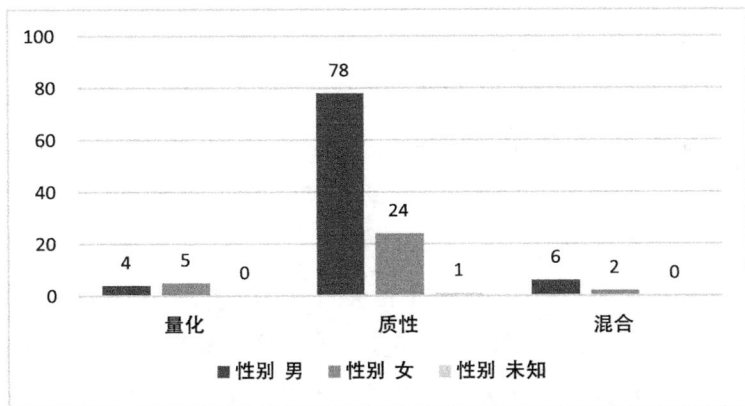

图9 性别与研究方法分布

（七）基金支持

在179篇论文成果中，共计有55篇（来源于45位学者）获得了科研基金支持，可分为国家级、省部级、市厅级和校级四类社科类基金。科研基金项目一方面可以为学者提供学术研究必要的资金支持，另一方面也从一定程度上反映了该学者的学术能力和影响力。经过整理统计，有17位学者的研究成果获得了两项及以上数量基金的支持。获得国家级基金支持的学者有19位，省部级基金支持的学者有28位，市厅级基金支持的学者有1位，校级基金支持的学者有18位。

四、研究结论与展望

（一）结论与建议

本文通过对2005—2020年传媒经济研究论文背后120位

学者的履历信息分析,从个人基本信息、教育背景、发表数量、研究旨趣、研究方法与基金资助情况几方面归纳出学者特征和学科特征。

1. 学者的人口特征与研究特征

根据以上学者履历信息,我们可以大体描绘出当下中国传媒经济研究学者的群体画像。第一,"70后""75后"学者是该学术研究领域的中坚力量,两性占比呈现较为不均衡的状态。虽然男性学者数量远大于女性学者数量,但在女性学者中不乏影响力较大的学者。第二,学者主要毕业和就职于国内高校的新闻传播学院(系),且集中在北京、上海、湖北和江苏等一线城市或省会城市。中国传媒经济学一直与实践同行,一线较发达地区为传媒经济学研究提供了肥沃土壤。第三,学者研究的专题主要围绕"新闻与传媒",分别从传媒治理、传媒经济学学术脉络溯源、传媒经济理论、传媒经营管理实践等角度展开研究。在新媒体背景下,互联网发展进入专业化程度更高、智力输入更密集、范式创新更为关键的"下半场"发展阶段[14],因而也在呼唤传媒经济学者在媒介变革的环境下更具研究的敏感性和问题意识。第四,质性方法是大部分学者主要使用的研究方法,少数学者使用量化研究方法或者量化质性相结合的方法。无论使用质性方法还是量化方法,可看到大部分学者的研究都指向了中国经验的独特性,立足于解决中国本土问题。第五,一部分学者的研究成果获得了校级以上的科研基金支持,这在一定程度上推动了传媒经济研究的发展,有助于优秀学者人才成长。

2. 学科发展特征

通过学者群体特征可以较直观地了解到传媒经济学科发展的特征和趋势。第一,大量拥有新闻传播学一级学科背景的学者滋养着传媒经济学科的发展,但缺乏其他学科背景人才的注入。传媒经济学主要构建于不同的经济学理论和分析方法之上，致力于研究经济和金融力量如何影响传媒系统及传媒组织[15]。但若要长远发展，只着眼于传媒领域还远远不够，还需要经济学、社会学、管理学等研究视野和理论成为学科发展的新助力。第二，中国传媒经济研究的问题意识主要根植于中国本土语境，在引介西方理论的基础上，紧密联系现实、关注热点，强调本土化理论创新。但还应努力拓展国际视野，即仅运用西方理论解决国内问题还远远不够，还应着眼于国外传媒经济问题，以及对全球性传媒经济、文化贸易等关联问题进行深入研究。此外，学科的国内地理区域发展不均衡问题也值得关注。第三，传媒经济研究主要以质性研究方法和阐释、思辨为主，采用量化方法针对具体传媒经济议题的关注还应该加强，即通过扎实的经验材料收集开展规范性研究，对新媒体背景下出现的诸多新问题进行深入挖掘。第四，人才教育背景和学术背景的复杂化，致使中国传媒经济学学科交叉性特征越来越明显，但大部分学者还是依托于新闻传播学学科进行研究，且尚未形成影响力较大的学术共同体。第五，结合传媒经济学学科发展特点，科研资助机构可加强对该领域的资助导向，给予该研究领域学者更多基金和项目的支持。

（二）不足与展望

本文研究对象为2005—2020年发表在新闻传播学CSSCI期刊的论文及其第一作者的履历信息，虽然具有一定代表性，但所涉及的数据样本总体较少，并存在局限性，会产生极少部分信息获取不全面以致影响结论的情况。比如学者的年龄与论文被引情况、性别与研究方法的使用问题就无法充分展开讨论；且研究中没有反映出中国传媒经济研究的外文发表和影响力情况。由于需要检索的数据较多，加之目前针对中国传媒经济领域学者的研究很少，故本研究还处于起步阶段，可资借鉴的经验和方法有限，在实际研究中难免存在诸多问题，有待进一步完善和补充。另外，本研究主要通过数据统计，将学者的典型特征进行分析和呈现，但各变量和特征因素之间的因果关系、变化趋势仍有待进一步量化挖掘和讨论。笔者在后续研究中会进一步完善研究样本数据，加强各变量之间的对比、关联分析，以便对当下中国传媒经济研究及其研究学者的特征有更深入且全面的把握。

注释

[1] 黄可：《与实践同行：新中国传媒经济研究 70 年（1949—2019）》，《新闻与传播研究》2019 年第 12 期。

[2] 喻国明：《解读新媒体的几个关键词》，《广告大观（媒介版）》2006 年第 5 期。

[3] 夏清华、宋慧：《基于内容分析法的国内外学者创业动机研究》，《管理学报》2011 年第 8 期。

[4] 杨芳娟、刘云、侯媛媛等：《中国高被引学者的跨国流动特征和影响——基于论文的计量分析》，《科学学与科学技术管理》2017 年第 9 期。

[5] 戴元光、张海燕：《新世纪中国传媒经济研究综述（上）》，《当代传播》2006 年第 1 期。

[6] 喻国明、胡杨涓：《互联网逻辑下传媒经济研究的探索与困顿——2014 年中国传媒经济研究文献综述》，《国际新闻界》2015 年第 1 期。

[7] 喻国明、宋美杰：《中国传媒经济研究的"学术地图"——基于共引分析方法的研究探索》，《现代传播（中国传媒大学学报）》2012 年第 2 期。

[8] 程明、战令琦：《技术驱动下中国传媒经济研究的知识图谱（2013—2017 年）——基于文献计量的方法》，《新闻与传播评论》2018 年第 2 期。

[9] Canibano C. & Bozeman Barry. (2009). Curriculum Vitae Method in Science Policy and Research Evaluation: The State-of-the-art.

Research Evaluation.18(12).

[10] 周建中、肖小溪:《科技人才政策研究中应用 CV 方法的综述与启示》,《科学学与科学技术管理》2011 年第 2 期。

[11] 李峰、魏玉洁、孙梦园:《人才项目中的"压龄"申报现象研究——长江学者奖励计划和国家杰出青年科学基金案例分析》,《重庆大学学报》(社会科学版)2019 年第 2 期。

[12] 文章总计被引数量超过 10 次的学者有:喻国明(229 次)、谭天(179 次)、蔡雯(125 次)、赵志立(102 次)、杭敏(69 次)、朱春阳(67 次)、陈守湖(63 次)、赵曙光(60 次)、昝廷全(57 次)、陶喜红(57 次)、戴元光(36 次)、李红祥(33 次)、周建新(31 次)、曾琼(29 次)、崔保国(26 次)、丁汉青(23 次)、吕尚彬(23 次)、吴信训(21 次)、赵睿(21 次)、周正兵(21 次)、赵文荟(21 次)、丁和根(20 次)、周鸿铎(18 次)、陈力丹(18 次)、孙俨斌(17 次)、支庭荣(16 次)、张亮宇(16 次)、陈鹏(14 次)、涂凌波(14 次)、章平(14 次)、曾凡斌(13 次)、田鸢(13 次)、孟伟(12 次)、王雪野(11 次)、郑保卫(11 次)、陈欣新(11 次)、葛岩(11 次)、梁君(11 次)、周劲(11 次)、薛敏芝(10 次)、燕道成(10 次)、余婷(10 次)、俞凡(10 次)、袁靖华(10 次)、张金海(10 次)、张晋升(10 次)、郑青华(10 次)。数据仅用作参考,无任何评价排名用途。统计时间:2021 年 7 月 6 日。

[13] 李芬、风笑天:《性别与方法:女性学者的质性研究路径》,《山东女子学院学报》2016 年第 1 期。

[14] 赵睿、喻国明:《"互联网下半场"中传媒经济研究的问题意识与技术进路——基于 2017 年中国传媒经济研究的文献分析》,《国际新闻界》2018 年第 1 期。

[15] 杭敏、[瑞典] 罗伯特·皮卡特:《传媒经济学研究的历史、方法与范例》,《现代传播(中国传媒大学学报)》2005 年第 4 期。

Analysis on the Characteristics of Chinese Media Economics Scholars Under the Background of New Media — An Investigation Based on CSSCI Source Journals (2005 - 2020)

WANG Wei

Abstract: The development of media economic research in China is closely related to scholars. Grasping the characteristics of Media Economics scholars under the background of new media can better promote the development of the discipline and meet the needs of the times. By collating Media Economics related articles in CSSCI source journals from 2005 to 2020, this study took Chinese Media Economics researchers as objects, collected their biographical information, and analyzed the characteristics of the scholars' community and the development of the discipline. The research finds that the "post - 70s" and "post - 75s" scholars are the backbone of media economic research, and the ratio of male and female is unbalanced. The scholars mainly graduated from or worked in journalism and communication departments of domestic universities, and their research methods, research topics and research fund support need to be optimized and improved.

Key words: New Media; Media Economic; Characteristics of Scholars

回顾·对比·展望：
中国传媒经济学的发展历程

杜　娜

摘　要　本文根据近年来传媒经济学的研究议题，总结了学科发展的阶段性特征，在此基础上探讨互联网技术出现前后传媒经济学的研究趋向，并进一步尝试找出中国传媒经济学在新形势下的发展之路，为传媒经济学学术话语体系的完善提供实证资料和理论思考。

关键词　全媒体　传媒经济学　媒介融合　学科建设

中国传媒经济学近年来在研究范式、理论创新以及经验实践等层面都取得了丰硕的成果。特别是互联网给传媒格局带来的广泛而深刻的变化，让中国的传媒经济学研究也在不断调整研究方向以适应新的媒介发展趋势。所以，在媒介融合的背景下，本文回顾中国传媒经济学的发展历程，总结各个发展阶段的学术成果，并探讨适合中国传媒经济学发展的新道路显得尤为重要。

一、回顾：中国传媒经济学的发展特征

西方传媒经济学始于 20 世纪 20 年代，经历百年沉淀，学

作者简介　杜娜，女，南京大学新闻传播学院博士研究生，中共乌兰察布市委党校讲师。研究方向：传媒产业研究。电子邮箱：594586566@qq.com。

术成果颇丰,已经形成较为完善的知识谱系。与西方传媒经济研究的历史相比,中国传媒经济研究长期处于探索阶段。20世纪上半叶,以徐宝璜的《新闻学》、戈公振的《中国报学史》为代表的早期学者及其著作就曾对报纸的经营方式、运作模式展开研究[1]。中华人民共和国成立后,媒体作为党政机关的"喉舌",其宣传属性被强化,媒体产业的经济功能被忽略,因此传媒经济研究搁浅[2]。党的十一届三中全会召开后,中国媒体开始转向"事业单位、企业化管理"的运作模式,传媒经济研究开始复苏。

很多学者对中国传媒经济学 40 余年的发展历程进行反思,将其分为四个阶段[3][4][5]:初步探索期(1978 年至 20 世纪80 年代末)、快速发展期(20 世纪 90 年代)、深化繁荣期(21 世纪初期)、新生阶段(2010 年至今)。这也吻合美国学者库恩提出的学科科学发展模式,即学科发展要经过一个"前科学—常规科学—科学革命—新的科学革命"的过程[6]。那么,从学科发展的角度来看,我国传媒经济学在不同阶段呈现怎样的特点? 又有哪些突出的理论贡献呢?

(一) 政治、经济和社会语境导致学科发展区域不均衡

从研究学者、研究机构的分布和数量变化来审视中国传媒经济学发展动态和变化趋势[7],我们不难发现,由于政治经济发展的不平衡以及历史与文化传统造成的地区差异,中国传媒经济人才聚集分布不均衡且人才聚集与产业聚集地存在重叠的现象[8]。在经济发达地区,如北京、上海、南京、武汉等地,传媒经济研究集中度高,而中西部地区的研究学者和机构仍然较少。

(二) 虽有学术成果积累,但缺乏对学科历时性演变趋势的学术反思

十一届三中全会之前,媒体的经济功能被忽视。随着市场

化改革不断深入,新闻传播学、广播电视学领域的一些学者开始尝试从经营方式、市场竞争、管理体制等角度对媒体组织进行经济学和管理学分析。在摸索中前进的 40 余年中,中国传媒经济学虽然起步晚,但成果丰硕。因此,一些学者开始从学科建设和发展的角度审视中国本土传媒经济学的历史沿革。在中国知网以"传媒经济"作为关键词,检索到以"归纳和反思"为主题的相关研究达 900 多篇,其类型主要包括传媒经济学学术会议[9]、博士学位论文[10]、学术专著[11][12],还有一些研究总结了中国传媒经济学关键节点的重要议题[13],但大多数未能完全覆盖融媒体时代的传媒经济研究的发展状况。部分学者针对新闻传播学的几本核心期刊进行统计,通过筛选高频词和社会网络分析归纳出近年来中国传媒经济学的主要议题[14],但由于所选的期刊均没有定期的"传媒经济学"专栏,故而这些学者无法对学术发展全周期进行连续性的研究。

(三)引介西方理论,但本土化理论创新尚显不足

自党的十一届三中全会掀起改革开放的浪潮后,中国学者相继引入各国传媒经济学的经验和理论成果,虽然启发了本土学术界开展理论创新,但也存在部分研究生拉硬套、牵强附会的现象。此类研究由于缺乏问题意识导向,没有运用恰当的研究方法,也不遵循严谨的学术规范,忽视理论的局限性和延展性,导致难以超脱西方理论的历史片面性和一般性,不注重理论的实用性。盲目套用的后果就是既不能解决实际问题,又不能推动理论的验证、修正和创新。

(四)研究范畴扩大且学科架构趋于成熟

从近些年的研究议题内容拓展来看,中国传媒经济学的研究范围在逐步扩大,学科架构趋于成熟,研究对象由最初的媒体市场、媒体产业和传媒政策等方面逐步拓展到传媒企业的战略发展、媒介产业结构以及传媒产品多样化战略等细分领

域[15]。研究范式也逐渐多元,大致分为历史传统模式、理论型模式和应用实务型模式三种,并分别从学科脉络、经济学相关理论和传媒产业现实问题的视角为学术研究提供了范式支撑[16][17]。渐趋丰富的研究对象也让传媒经济学的学科架构愈加完善,学科建设逐步科学化和主流化,为构建中国新闻传播学术体系贡献宝贵的学术资源和理论指导。

二、对比:互联网出现后传媒经济学转向

在传媒经济学发展的 40 余年中,互联网出现之前,行业随着传媒政策的不断调整而呈现出不同的倾向性。而互联网的出现不仅给整个传媒行业带来巨大变化,"上、下半场"互联网语境下的传媒经济实践与研究也呈现不同的特点。

(一)传媒经济学研究由被动紧跟政策转变为主动适应市场

与其他行业发展不同的是,无论是媒体内容的生产、媒体机构的发展还是业态样式的选择,中国传媒业政策政治属性明显。中华人民共和国成立后,国家制度层面上的文件和会议对于传媒的经济属性已经有了初步的认识[18]。中宣部 1950 年出台的《关于报纸实行企业化经营情况通报》强调报纸的"企业化经营方针是正确的,并且是可以实现的"。此后,全国报业系统根据会议决议制定了许多具体的实施方案,广播领域也在同期开展了企业化经营,在紧缩成本、实行经济核算、开展广告经营等方面采取了相关举措[19]。但实行"事业单位、企业化管理"运作模式之前,传媒组织主要是承担意识形态宣传职能,其"政治属性"远高于"经济属性",党与政府在媒体组织和体制中占据主导地位。总体来说,在党的十一届三中全会之前,制定传媒政策遵循"政治导向至上"的原则,媒体行业必须在约束下

有序发展，不能偏离行业监管的基本轨道。

改革开放后，党和国家的工作重心转移到经济建设上来，社会主义市场经济体制逐步建立，市场经济法则逐渐影响到传媒行业，并促使传媒行业转向"事业单位、企业化管理"的道路，开始尝试多种经营管理模式。党的十四大确立了社会主义市场经济体制后，进一步对我国的报纸、广播、电视等主流媒体的职能做了说明。2004年，中共十六届四中全会通过《中共中央关于加强党的执政能力建设的决定》，提出深化文化体制改革，解放和发展文化生产力。2009年出台的《关于重点新闻网站转企改制试点工作方案》将国家重点新闻网站的改制上市提上日程。同年9月，国务院审议通过中国第一部文化产业专项规划，即《文化产业振兴规划》。这些文件出台的主要目的在于将能够进行经营的传媒部分"交还"市场。在逐步改革开放的过程中，党和国家陆续出台新的传媒政策与法律表明，中国传媒经济产业的发展已经将市场的刺激作用纳入政策制定的考量范畴，行业发展需要尊重产业发展的规律和属性。

（二）互联网"上、下半场"的演化带动中国传媒经济研究转向

随着互联网语境由"上半场"的"消费型"转向"下半场"的"生产型"[20]，中国传媒经济研究也发生了学术转向，主要呈现以下两个特点：

"上半场"的互联网是基于产品争夺流量。人们在此阶段，沉浸在技术为我们带来的便利中。因此有学者从技术变迁的视角出发，认为移动互联网时代传媒经济在本质上是一种"用户经济"，由此传媒经济模式从注重内容生产和消费转移到关注用户需求[21]。随着市场经济逻辑逐步渗透至传媒体制中，传统命令式管理方式的局限性也越来越明显。为了适应新的传媒生态，党和政府需要采取温柔和缓的传媒规制手段来适应

互联网语境下媒体内容、服务生产、媒体组织管理和媒体制度改革的发展。

"下半场"的互联网是基于服务回归人性。2019年,习近平总书记在十九届中共中央政治局第十二次集体学习时强调,"要推动媒体融合发展,全媒体建设是我们面临的一项紧迫课题,要运用信息革命成果,推动融媒体向纵深发展"。"下半场"的媒介融合促使传媒产业与诸多行业发生联系,这也令传媒产业的外沿不断扩大,产业间的边界趋于模糊[22],给学术研究带来的最直接影响是研究失焦或研究方法不适应等新的挑战。当前,学界和业界已经直面数字信息技术对社会政治、经济、文化生活的全面浸透,逐步褪去对于算法、人工智能等技术的崇拜并开始反思技术的工具理性和价值理性之间的辩证关系。由此,传媒经济学研究开始关注传媒产业发展中技术与人性之间的互弈互构关系,以及如何制衡人类欲望和理性在技术进化过程中的驱动力、制约力等相关议题[23]。

三、展望:与时俱进与深耕细作

(一)夯实基础理论研究,注重本土化理论创新

在吸收西方传媒经济学理论之后,越来越多的中国学者也在尝试提炼东方本土化经验与理论,参与全球性学术对话。首先,可以结合传媒经济活动中的新理论或现实问题,对已有的理论或学说进行创造性的重新阐释、补充、发展、完善乃至修正和颠覆。其次,根据新问题和新形势,对新问题进行初步考察,提出新的理论假说,并运用科学的研究方法进行验证。第三,引入多学科视角,借鉴其他领域的理论成果,对传媒经济学的理论框架和研究内容进行重新审视。最后,在研究方法的创新上,用新的研究方法阐释新语境下的传媒经济现象或问题,以

此实现理论的创新和突破。

（二）平衡传媒经济学的微观与宏观研究

在过去的很长一段时间中，中国传媒经济学更多聚焦于洞察传媒产业整体经济发展现状，比如传媒体制、政府的媒体政策、行业战略规划等等，对传媒组织的个案缺少学术关怀。传媒组织个体中往往蕴含着传媒行业整体的基本法则，且组织个体与行业整体相互依存。这种由个体组织扩展到行业图景的一般化方式可以达到见微知著的效果，即通过个案研究能够阐明中国传媒经济发展的动向态势并给出建设性意见与策略。

（三）探索新方向，深耕老议题

传媒经济学不仅要探索行业热点与未知领域，还要深耕主流议题并向纵深领域发展。随着媒介技术的更新，新的媒介逻辑不断涌现，媒介网络化、生产智能化、信息数字化和产业边界模糊化等让传媒行业发生裂变，也给传媒经济研究带来了"学术红利"，涌现出源源不断的新议题。研究者盲目涌向一个研究"风口"的时代一去不复返，中国传媒经济学已经步入专业化程度更高、智力输入更密集、范式创新更为关键的全新发展阶段[24]。因此，中国传媒经济学应运用交叉学科优势，保持对行业的深刻关切和敏锐感知，拨开纷繁复杂的传媒经济现象，挖掘中国传媒经济的热点问题与时代关切，尤其是洞察作为学科轴心的经典议题的跨时代意涵和价值，以此保证学科的持久发展和创新活力。

注释

［1］石义彬、周劲：《传媒经济学研究的回顾与反思》，《新闻与传播评论》2003年第1期。

［2］丁柏铨：《论新闻传媒的产业属性》，《江苏社会科学》2003年第5期。

［3］李洁、丁和根：《改革开放40年中国传媒经济研究回望与思考》，

《传媒观察》2018 年第 12 期。

[4] 卜彦芳、董紫薇:《历史进路、理论记忆与框架建构:中国传媒经济研究四十年》,《现代传播(中国传媒大学学报)》2019 年第 5 期。

[5] 黄可:《与实践同行:新中国传媒经济研究 70 年(1949—2019)》,《新闻与传播研究》2019 年第 12 期。

[6] [美]托马斯·库恩:《科学革命的结构》,金吾伦、胡新和译,北京:北京大学出版社,2003 年,第 103 页。

[7] 刘丽芳、孙艳:《近 10 年全国教育科学规划立项课题评估》,《高教发展与评估》2013 年第 5 期。

[8] 黄湘闽:《产业聚集与人才聚集的演化规律》,《中国人才》2013 年第 7 期。

[9] 韩运荣、喻国明:《30 年来我国传媒经济之演进》,《新闻学论集》编辑部,《新闻学论集(第 21 辑)——纪念改革开放 30 周年特辑》,北京:中国人民大学新闻与社会发展研究中心,2008 年,第 17 页。

[10] 陈玥:《中国传媒经济学研究历史进路与范式建构》,武汉大学博士学位论文,2014 年。

[11] 丁和根、喻国明、崔保国:《传媒经济与管理研究》,南京:南京大学出版社,2019 年,第 268 页。

[12] 党东耀:《传媒经济研究》,上海:复旦大学出版社,2016 年,第 394 页。

[13] 喻国明、潘佳宝:《"互联网+"环境下中国传媒经济的涅槃与重生——2015 年中国传媒经济研究的主题与焦点》,《国际新闻界》2016 年第 1 期。

[14] 程明、战令琦:《技术驱动下中国传媒经济研究的知识图谱(2013—2017 年)——基于文献计量的方法》,《新闻与传播评论》2018 年第 2 期。

[15] 杭敏:《数据时代传媒经济学研究的反思与前瞻》,《新闻与写作》2018 年第 5 期。

[16] 曾琼、张金海:《传媒经济学研究范式的再讨论》,《新闻记者》2015 年第 7 期。

[17] 李盼盼:《浅析我国传媒经济学的研究模式与理论范式》,《今传媒》2017 年第 8 期。

[18] 黄可:《与实践同行:新中国传媒经济研究 70 年(1949—2019)》,《新闻与传播研究》2019 年第 12 期。

[19] 张辉锋:《传媒经济学:理论、历史与实务》,北京:人民日报出版社,2015 年,第 94 页。

[20] 李姝慧:《技术·边界·关系:智能化媒体时代传媒经济与管理的全景图释——"媒介中国研究百人会"媒介经济与管理论坛会议综述》,《新闻爱好者》2019 年第 12 期。

[21] 王庆凯:《用户经济:移动互联网时代的传媒经济新模式》,《中国广播》2016 年第 4 期。

[22] 吕尚彬:《媒体融合的进化:从在线化到智能化》,《人民论坛·学术前沿》2018 年第 24 期。

[23] 丁和根:《努力推动技术与人性的良性互构》,《现代视听》2018 年第 11 期。

[24] 喻国明:《互联网发展下半场:"聚变"业态下的行动路线》,《新闻与写作》2017 年第 10 期。

Retrospect, Contrast, and Prospect: The Development of Chinese Media Economics

DU Na

Abstract: Starting from the perspective of disciplinary development, this article summarizes the phased characteristics of disciplinary development based on the research topics of Media Economics in recent years, and discusses the research trend of Media Economics before and after the emergence of internet technology. Finally, this study attempts to find out the development path of Chinese Media Economics under the new situation, and provide empirical data and theoretical thinking for the improvement of the academic discourse system of Media Economics.

Key words: All-media; Media Economics; Media Convergence; Discipline Construction

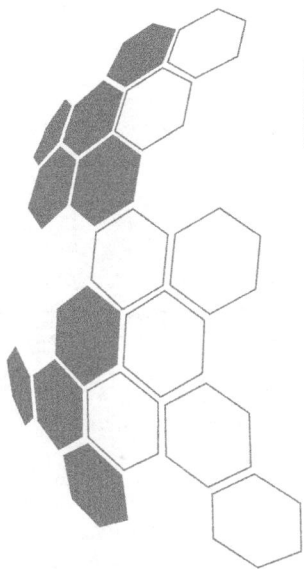

传媒用户行为研究

"助推"与"锚定"：基于 PPM 模型的视频用户付费行为转移研究

曲 慧 赵津平

摘 要 本文以视频平台用户付费行为转移为研究对象，基于对 25 位典型用户的深度访谈，运用 NVIVO 12.0 软件，经过开放式编码、主轴编码、选择性编码等方式探寻转移行为触发机制的影响因素，并对应建立"行为转移研究"通用的 PPM 模型。研究发现，用户付费行为转移除基本的内容与版权因素的影响之外，"感知价值"与"社会关系"成为影响付费行为转移的重要情境条件。本文的创新之处在于：首先，对"付费行为"这一粗略的概括做了启动付费、持续付费、终止付费三个节点上的细分；其次，对两个重要情境条件的发生方式进行了行为经济学视角的分析，并给出平台运营的干预建议。

关键词 付费行为 感知价值 锚定效应 助推

一、问题的提出

大数据为用户洞察提供了前所未有的窗口，但用户行为仍

作者简介 曲慧，女，北京师范大学新闻传播学院讲师。研究方向：传媒产业研究、传播政治经济学研究、媒介行为研究。电子邮箱：quhui@bnu.edu.cn。赵津平，女，新加坡国立大学文理学院硕士研究生。
基金项目 教育部人文社科项目青年基金"代际媒介观差异与演进机制研究"（20YJC860026）

然存在大量数据描摹之外的、难以量化推演的"非理性"行为。

所谓"非理性"不是超越理性的边界,而是各种形式的"社会性",是多种社会性的集中表现和综合作用[1]。安德雷亚斯·莱克维茨(Andreas Reckwitz)在《独异性社会——现代的结构转型》一书中提出,后现代社会正在走向理性的对立面,理性化的对立面是"文化化":社会的"理性化"是为了应对"短缺"与"无序"问题,关注效率和稳定;而社会的"文化化"是为了应对社会的"意义"和"动机"问题,它关注生活的各种形式是为了什么[2]。因此,在数据基础之上,研究用户行为背后的深层次意义、动机以及非理性因素之间的作用机制对用户行为的深层次研究至关重要。

数据痕迹之外的意义与动机的问题,的确是拥有大量数据的平台运营者目前仍然难以把握的。以视频平台会员付费为例,根据《第47次中国互联网网络发展状况统计报告》,截至2020年12月我国互联网视频用户规模达9.27亿。随着移动支付的发展,视频平台内容付费日益成为重要的盈利模式。作为领先的视频平台:腾讯视频,2019年付费会员数1.06亿,但视频业务全年营运亏损30亿元;爱奇艺2020年付费会员用户1.049亿,而财年亏损高达70亿元。数据表明,自2019年以来,除了芒果TV外,其他视频平台的付费会员增速逐渐放缓。如何吸引用户付费、留住会员用户,并提升每用户平均收入ARPU(Average Revenue Per User)成为各大视频平台能否盈利的关键因素。

纵观以往媒介经营与管理方面的相关研究,大多将重点着眼在对策性研究,对于用户付费行为转移影响因素的相关研究较少。因此,本文试图探索付费行为背后较为复杂的转移影响因素及其作用机制。

二、相关研究综述

（一）行为研究的传统理论基础

目前国内相关研究多数是以现有的理论模型为基础，从某一个或某几个变量出发，通过调查来分析用户付费意愿或行为的影响因素。关于行为研究的传统理论框架与模型如表1所总结，其中涉及的主要变量也不断被大量量化研究所采用。

表1　个体行为研究的理论框架与主要变量

理论视阈	理论与模型	主要概念与变量
个体行为理论	技术接受模型（Fred D. Davis，1989）	感知的有用性、感知易用性
	感知价值理论（Zeithaml Valarie A.，1988）	感知利得、感知利失
	理性行为理论（Fishbein M. & Ajzen I.，1975）	行为态度、主观规范
	计划行为理论（Ajzen I.，1985）	行为态度、主观规范、知觉行为控制
	MOA 理论（Batra R. & Michael L.，1986）	动机、机会、能力
传播学理论	使用与满足理论（Katz E.，1974）	个体差异、媒介期待、媒介接触、需求满足
	媒介依赖理论（Sandra J. Ball-Rokeach，1988）	理解依赖、定向依赖、娱乐依赖
	积极受众论（David M.，1986）	文本、互动、意义生产

结合用户付费行为，有研究从平台定价的立场出发，指出成本、预期期望、信任程度与认知距离四个因素对知识付费产品的定价产生影响。结合这四个因素，将成本收益考量与消费

者感知价值两个维度相结合,才能建立知识付费产品的合理定价模型[3]。有研究表明,内容价值、同伴付费倾向对用户付费意愿有着积极的影响,而用户免费心理会减弱期望收益对付费意愿的影响[4]。有研究围绕消费者立场,从社会互动理论出发,探讨信任和认同(包括认知维、情感维、评价维等)对用户付费意愿的影响[5]。

在上述研究中,多数结论停留在意愿研究,然而意愿与行为转移仍然存在一定的距离,因此本研究在参考以上重要研究的基础上尝试将研究落点推进一步。

(二)非理性行为研究中的行为经济学视角

如同前文所述,非理性行为的研究需要更多客观数据之外的综合视角。以承认人的"有限理性"为前提的行为经济学(Behavioral Economics)近十年来不断体现出其对公共行为的解释力:首先,行为经济学影响我们诊断问题的视角,迫使我们考虑另一种可能性;其次,它改变了我们设计问题解决方案的方式;最后,它改变了我们定义问题范围的方式。我们经常关注"需求",而行为经济学向我们指出了一些重要的问题,这些问题在解决"需求"之后仍然存在,并提供了解决这些问题的思路[6]。稀缺性、不确定性、复杂性都是媒介消费行为中切中肯綮的关键特征[7]。

因此,近年来,以应用行为经济学理论研究媒介消费行为的研究逐渐增多,有研究针对"非理性"与"有限理性"展开:传播学者从个体情绪、社会情感和集体意志三个层次分析网络舆论中的非理性因素,指出这些因素分别通过感染启动、社会结构、民族主义机制形成网络舆论[8]。情报科学学者基于演化博弈理论,针对虚拟网络及其中的理性人与有限理性人对于消息的不同行为进行研究,发现有限理性转发者的参与,导致即使只有一方选择转发仍能够得到整体的最大收益;仅一方转发时,总收益受到两方是否合作的影响[9]。也有研究探索在媒介消费选择上,时间预算和时间心理账户是如何影响人们在媒介消费时的决策、预期、选择结果[10]。可见行为经济学在与媒介行为的结合上正在发挥较强的解释力。

（三）行为转移(switching behavior)研究与 PPM 模型

互联网"用户使用"相关研究的一个总趋势是,它已经超越了对现场时间的总体衡量,转而关注"精细实践"(granular practices),更好地解释与心理和关系结果的关联[11]。关于用户行为的研究也正在不断被纳入更广阔的理论视阈与研究框架。

行为转移研究最早开始于人口迁移相关课题之中,用以探索人口流动的推动力因素和拉动力因素[12]。PPM 是 Push-Pull-Mooring 的简称,也叫推力—拉力—锚定模型,它将人们从某区域移到另一区域的影响因素分为推力、拉力和锚定三方面。

近年来,PPM 模型不断被应用在信息系统用户行为转移的研究上,有研究考察影响社交网站用户转移意向的因素,将推力因素中的不满意度区分为对信息技术质量的不满意程度[13];有的研究网络游戏服务用户的转移意向,表明娱乐体验和社会关系是重要影响因素[14];也有研究探索了社交用户转换行为中情感、转移成本和习惯对于转移意向的作用[15]。国内已有关于信息系统用户转移行为的研究可以分为三类:第一,不同媒介下的用户转移行为,一般是从传统的线下服务转移到更为便捷的线上服务;第二,相同媒介下,同类型产品或服务的用户转移;第三,相同媒介下,不同类型的产品或服务的用户转移[16]。

在本研究中,我们将把付费行为拆分为不同的转移行为,探寻对于持续付费这一相对"锚定"的行为来说的拉力和推力的影响因素。

三、研究概念界定与框架整合

基于上述文献,本研究初步明确了研究思路:暂时悬置既有的行为研究理论框架,在对视频用户付费行为进行细分的基础上考查付费行为的 PPM 影响因素,继而探索付费行为中行为转移的基本模型。

因此,我们对"付费行为"这一概念进行拆分,将其细化为"启动付费""终止付费""持续付费"三个行为转移点,以便深入分析不同行为之间转移的影响因素:启动付费,即用户首次购买会员、开启付费的行为;终止付费,即用户在会员到期时不续费、中断或终止会员的行为;持续付费,即用户在会员到期时继续付费的行为。

针对行为转移这一研究目的,基于上述对相关理论研究的综述与媒介消费行为的特殊性,本研究整合了 PPM 框架与行为细分,初步建立如下的研究框架(见表 2),试图从中探索促成行为转移的影响因素。

表 2　基于 PPM 框架的行为细分与界定

	PPM 框架	行为细分	行为界定
视频用户付费行为转移研究	拉力(pull)	启动付费	用户首次购买会员、开启付费的行为。
	推力(push)	终止付费	用户在会员到期时不续费、中断或终止会员的行为。
	锚定(mooring)	持续付费	用户在会员到期时继续付费的行为。

四、数据收集

研究访谈在 2021 年 1 月 15 日至 3 月 30 日间陆续展开，提纲主要围绕"启动付费""终止付费""持续付费"几种细分付费行为的引发机制展开。

基于前文对视频平台用户群体的分析，访谈对象的范围确定在 19—25 岁的青年群体，并有意识地考虑性别、职业、收入、地区等变量，做到对访谈对象的优质选取（见表 3）。因此，在遴选访谈对象的过程中，将遵循以下几条原则：

第一，访谈对象须为高频或长期使用视频会员的 19—25 周岁用户。

第二，访谈对象男女比例应均衡，且有地区差异、职业差异、收入差距。

表 3 访谈对象基本信息

编号	性别	年龄	文化程度	职业	月均收入（元）	地区
1. WZY	女	21	本科	在读学生	2000—5000	云南省
2. BHL	女	19	本科	在读学生	0—2000	浙江省
3. CXY	女	23	硕士	在读学生	2000—5000	北京市
4. ZQM	男	22	本科	在读学生	0—2000	辽宁省
5. CYY	女	25	本科	公司员工	5000＋	北京市
6. CYH	女	22	本科	在读学生	2000—5000	上海市
7. LQN	男	18	本科	在读学生	2000—5000	浙江省
8. YCN	女	24	本科	幼儿园老师	5000＋	浙江省
9. JFR	女	21	本科	在读学生	2000—5000	江西省
10. CBQ	男	23	本科	在读学生	2000—5000	四川省
11. DJX	男	22	本科	国企员工	5000＋	云南省

（续表）

编号	性别	年龄	文化程度	职业	月均收入（元）	地区
12. BXH	男	23	本科	公司员工	5000＋	湖北省
13. ZYN	女	25	本科	公司员工	5000＋	浙江省
14. YYQ	女	22	专科	无	0—2000	江苏省
15. MYS	女	23	硕士	在读学生	2000—5000	四川省
16. XSY	男	24	本科	公务员	5000＋	浙江省
17. PLW	男	23	本科	公务员	5000＋	浙江省
18. LTH	女	23	本科	公务员	5000＋	浙江省
19. FY	女	22	专科	在读学生	0—2000	浙江省
20. FWX	男	25	本科	中学教师	5000＋	浙江省
21. LLY	女	24	本科	中学教师	5000＋	浙江省
22. LCM	男	24	硕士	在读学生	2000—5000	浙江省
23. HZX	女	24	硕士	在读学生	2000—5000	浙江省
24. CYD	男	23	本科	国企员工	5000＋	浙江省
25. QKY	男	24	本科	国企员工	5000＋	浙江省

　　研究基于有效访谈文本依次进行开放式编码、主轴编码和选择性编码，构建初步的青年群体视频付费行为转移影响因素模型，并进行理论饱和度检验，之后对 25 名受访者的访谈材料运用 NVIVO 12.0 软件进行编码分析。

五、研究过程与数据编码

（一）开放式编码

　　本研究运用 NVIVO 12.0 软件将访谈文本进行开放式编码，根据意义单位（如单个字词、短语、短句）将访谈中联系紧密的语句进行分类，赋予范畴，便于后期的整理和分析，进一步探究用户视频付费行为的影响因素。

在开放式编码的过程中,为保证范畴中类属的内容都具有研究意义,笔者将代码注释和大量的备忘作为补充,只有访谈文本中存在两个及以上的前后意涵相关的语句才能提取编码,并归纳范畴,最终共归纳 14 个范畴(见表 4)。

表 4 开放式编码结果

范畴	受访者代表性原始语句
广告	广告越来越长,开会员可以直接跳过。(1. WZY) 爱奇艺和腾讯主要是为了去广告,开了一个月。(4. ZQM) 如果说开了会员,能给我减去几百秒的广告,我觉得还挺值的,但如果那个广告也就十来秒,那无所谓。(15. MYS)
偶像	多给我一点跟偶像互动的机会,门票抽取啥的,类似于给点福利。(5. CYY) 它有更多的打投次数,还有一个就是会员专享的一些加长版。(12. BXH) 希望视频会员能拥有更多的花絮或者打投机会。(13. ZYN)
影视剧	我要给我妹妹上课,B 站大会员当时可以看一个纪录片。(11. DJX) 刚开始 B 站不是有个《非自然死亡》的日剧,我第一次开会员是因为看这部剧去开的。(12. BXH) 有些栏目是会员专享,内容会更精彩一点,(可以)欣赏更好的影视作品。(2. BHL) 目的性很强,一般为了某部剧开会员,看完以后就马上把它取消掉。(11. DJX)
节目	优酷有《极限挑战》的版权,我就特别喜欢看那个。(5. CYY) 我从《创造 101》的时候就开始看,就开会员了,后来基本也是年费的那种,因为它每年基本都会有选择节目。(18. LTH)
优惠	因为有学生优惠价,学生认证就会便宜点。(2. BHL) 经常会有首月 6 元,然后我就会先开,然后就马上自动取消续费,薅羊毛。(9. JFR) 连续包月第一个月会便宜点,那如果我单追一部剧,开一个月会员,我觉得也可以接受。(3. CXY)

（续表）

范畴	受访者代表性原始语句
附赠	现在买了咪咕、优酷、爱奇艺、芒果 TV，有些是中国移动给的每个月的免费。（2. BHL） 美团那个活动也是包月的，比直接开便宜。（1. WZY）
贵	只开了那一个月的爱奇艺，就终止了，就再也没有开过会员。因为再开会员就要贵一点，变成 18 块了，那不是翻了一倍嘛。（6. CYH） 比如给我打个折，送点流量，送什么观影券之类的，我会更愿意买会员。不然价格来说的话，一个月也就十多块钱吧，也算贵了。（8. YCN） 我有一次就是在家里特意为了看《奇葩说》开了爱奇艺的会员，后来就不知道为什么，每个月会扣我 19.9 元，我也不清楚到底是怎么扣的，我就忘了，没想到是爱奇艺自动给我续费，发现这个我好崩溃啊。我觉得很贵，就取消了！（10. CBQ）
版权	如果没有那种特别吸引我的剧，而且是独家版权的话，就不会去开，哪儿都能看。（12. BXH） 因为当时《请回答 1988》的资源只有爱奇艺（有），当时也不知道网上可以找其他的资源，只知道爱奇艺上有。（3. CXY）
资源	其实我也经常搜一些资源，放在百度云上看，这样省钱嘛，不用去开会员。（1. WZY） 主要是我觉得现在找资源太方便了，更新的话又跟会员是同步的，所以就感觉购买欲望不那么强烈。（3. CXY） 想看一个日剧，当时懒得去找资源了，而且很难找，我就直接开了 B 站大会员，就一直开到了现在。（18. LTH）
独家	因为腾讯跟德云逗笑社合作，在那个平台上独家播出，我才去看的。（5. CYY） 优酷我之前就没有续费的理由，就是因为它拥有那种独家的电视剧，或者说非它不可的那种独特性太少了。（12. BXH）
社交	身边的同学都在看的一些剧，想跟朋友们有更多话题，去谈论最近的剧，就开了。（2. BHL） 我觉得在社交的时候会需要这些话题，如果你不去看的话，可能人家在聊什么你就不知道，会有一种落后于时代的感觉。（24. CYD）

（续表）

范畴	受访者代表性原始语句
共用	我自己是没有开会员的，我男朋友有开会员，我用了他的爱奇艺、腾讯、芒果 TV。（6. CYH） 一般情况下朋友之间都借号看，我自己如果有什么剧想追，才会自己买。（2. BHL） 感觉优酷不是很常用，主要是给我爸开的，一年中用不到几次，我觉得没什么用，就给他关掉了。后来续上是因为我爸付钱了。（4. ZQM）
习惯	主要是吃饭的时候习惯看，看一些搞笑的、比较轻松愉快的。（18. LTH） 基本没断的就是 B 站，因为惯性吧，用得很顺手，各种各样的都可以看。（4. ZQM） 这可能是个人习惯，可能比如说这一部热播的剧看完之后，但是我没有取消会员，然后过了一段时间之后，又有一部热播的上映了，我可以连着看。（12. BXH）
特权	会员有蓝光影视，3D 环绕，视听体验比较好。（2. BHL） 会员氛围非常好，让我的观看体验更加快乐。（5. CYY） 找资源的话，没有办法倍速，然后开了会员，播放可以倍速。（6. CYH） 开会员还可以发不同颜色的弹幕，我有时候会发发。（17. PLW）

（二）主轴编码

作为编码的第二步，主轴编码用以解释各个范畴内涵，深度挖掘并建立各个范畴间逻辑关系，将初始范畴归类形成主范畴。我们将从开放编码中得到的范畴进行提炼和区分，初步将主范畴确定为 5 个（见表 5）。

表 5　主轴编码结果

主范畴	范畴	范畴的内涵
热点	偶像	形成热门话题的、有一定流行度的内容。
	影视剧	
	热门综艺	

(续表)

主范畴	范畴	范畴的内涵
版权	版权	独家版权或者自制版权的内容。
	独家	
	资源	
感知价格	优惠	用户感知到的价格。
	附赠	
	贵	
感知价值	特权	用户付费后感知到的价值。
	习惯	
社会关系	社交	亲密社会关系之间的共用与集体观看。
	共用	

调查在得出上述影响因素的情况下还以编制问卷的方式进行了理论饱和度检验。除所罗列的因素之外,在问卷调查中设置选项"其他"并要求填写具体内容。问卷回收发现没有其他影响用户视频付费行为的因素出现,说明未出现开放性编码以外的新范畴,现有的数据范畴已达饱和,理论饱和度检验通过。

(三)选择性编码

选择性编码是将主轴编码形成的抽象化范畴继续推进,其聚焦于潜在的核心概念和核心变量,目的是对主轴编码后形成的 5 个主范畴进行整合和提炼,将概念与故事中的中心现象相关联,即与其他范畴发生关联,串联组成关系结构,赋予理论以具体性,形成理论框架。选择性编码结果如表 6 所示。

表 6   选择性编码结果

关系结构	结构性质	关系结构的内涵
热点→启动付费	因果条件	用户因为被热门视频内容吸引开始为视频付费。
版权→启动付费	因果条件	用户因为独家版权无可替代的渠道开始为视频付费。
价格感知→启动付费	因果条件	用户参与优惠活动或赠送活动，开始成为会员，为视频付费。
特权→启动付费	因果条件	用户因会员特权（跳广告、影音、互动等）需要开始为视频付费。
热点→持续付费	因果条件	用户因为一直有热门内容而持续付费。
版权→持续付费	因果条件	用户因为独家版权无可替代的渠道持续视频付费。
感知价值→持续付费	情境条件	付费用户价值上"感知利得"则持续付费。 付费用户价值上"感知利失"则不持续付费。
社会关系→持续付费	情境条件	亲密关系中有付费用户，则单个账号使用率高导致持续付费。 亲密关系中无付费用户，则受社交影响导致不持续付费。
热点→终止付费	因果条件	热门内容的结束导致取消会员、终止付费。
版权→终止付费	因果条件	用户因为有替代的免费版权内容终止视频付费。
感知价值→终止付费	情境条件	付费用户价值上"感知利失"则终止付费。 付费用户价值上"感知利得"则不终止付费。

六、PPM 模型与模型阐释

（一）PPM 模型

基于编码研究，可以初步建立如图 1 所示的用户付费行为转移的 PPM 模型。其中，热点与版权是影响用户行为转移的全方位影响要素，也就是需求在用户行为转移中起到关键的作用。价格感知和社会关系对行为的转移起到情境条件作用，而这一情境条件在锚定用户付费行为的过程中交互发生，至关重要。

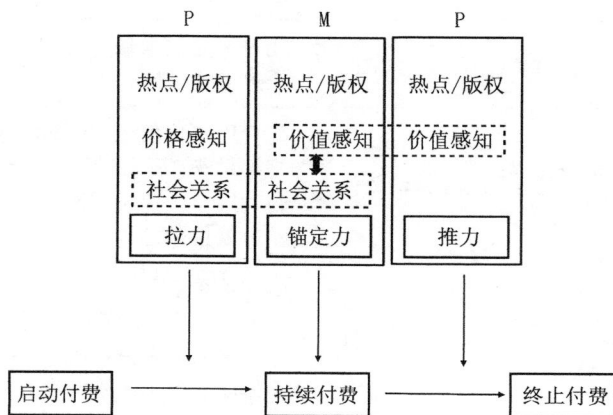

图 1　视频用户付费行为转移的 PPM 模型

（二）PPM 模型阐释

首先，在此模型中，"热点"与"版权"是贯穿始终的影响因素——优质的、引发话题的内容，独家的、无可替代的版权都可以吸引用户启动付费、持续付费；与此同时，如果优质内容缺乏、版权独家性丧失，则会直接导致付费用户的流失。

其次，"感知价值"是"持续付费"和"终止付费"的情境性条件。正向的感知价值成为锚定用户付费行为的重要因素之一，而负向的感知价值则直接导致付费用户的流失。

最后，"社会关系"是"启动付费"和"持续付费"的情境性条件。紧密的社会关系中如果存在付费用户，有可能以"共用"行为为中介，引发对会员特权的超前体验，进而促发启动付费；与此同时，基于紧密社会关系的"共用"提升了会员账号的使用率，也将成为用户持续付费的一个锚定性因素。

七、研究发现与讨论

研究中我们基于消费者行为转移建立了除众所周知的内容需求这一因素之外，多元的其他影响因素的作用机制。在模型之外，结合行为经济学的视角和理论（见表 7），我们可以总结出对视频平台而言，更好地保持用户付费的稳定性的助推力量。

表 7　消费行为学与行为经济学的框架的结合与互相参照

	消费者行为学	行为经济学
互联网用户 行为转移研究	推力因素（push factor）	助推因素（nudge）
	拉力因素（pull factor）	
	锚定因素（mooring factor）	锚定效应 （anchoring effect）

（一）感知价值过程中的"锚定效应"

不同于 PPM 框架中的"锚定因素"，"锚定效应"是行为经济学基于前景理论（Prospect Theory）的一个重要概念，它是指消费者在做出决策时受到前置参照的影响，该信息犹如一个沉重的锚，沉到了海底，让你的思维以该信息为参照点，在它的一定范围内做判断，而这样的判断往往会造成决策的偏误。营销学上夸大的打折标记就源自这样的心理动因。在信息行为的研究中,有学者的最新研究发现,先前已有的平均评分对用户在线购物后的评价行为有重要影响,锚定效应为用户即将做出的评价行为起到了调节的作用[17]。

如前文所述,"感知价值理论"告诉我们,对价值的感知包括"感知利得"和"感知利失"两大变量。用户进行视频付费后,权衡使用会员的感知利得和感知利失,会做出对视频付费行为的总体感知,正向的感知会加强视频付费意愿,而负向的则会导致终止付费。重点在于,需要了解付费用户确认感知的"参照点"和"锚定点"。

在本研究中,我们至少发现了两个成为用户感知价值的锚定点:第一是首月优惠后的锚定效应影响了对正常续费价格的感知价值;第二是付费去广告之后的锚定效应影响了再遇广告的感知价值。

"(开了会员)可以跳过(片头的)广告,但是电视剧里的硬广是没有办法跳过的,现在电视剧总是出来一些那种,中间突然出现有剧情的插入广告。我不知道是不是只有爱奇艺这样,反正我印象里爱奇艺每次都会有。"(6. CYH)

"虽然开会员可以去掉广告,但是现在很多剧它自己就会在看到一半的时候插入广告,你得点一下才可以跳过。"(1. WZY)

"我有一次就是在家里特意为了看《奇葩说》开了爱奇艺的会员,后来就不知道为什么,每个月会扣我 19.9 元,我也不清楚到底是怎么扣的,我就忘了,没想到是爱奇艺自动给我续费,发现这个我好崩溃啊。我觉得很贵,就取消了!"(10. CBQ)

"比如说腾讯就算充了会员,也还是有很多需要用券、付费

的内容,在会员的基础上还要付钱才能看那些视频。比如有些
大热的剧,后面还有超前点播,还要付费,就感觉自己充了会员
没用。"(7. LQN)

因此,从平台策略上讲,第一,"首月优惠"是吸引用户启动
付费的可取方式,但第二月续费的提示需要尽量提示用户在过
往一个月中的"利得",而不是生硬扣费造成心理参照上的损失
厌恶;第二,视频网站一旦承诺开通会员后去掉广告,就需要坚
守承诺,在广告之外的领域开拓盈利模式,而不是变相恢复广
告配置,否则用户可能因为"感知利失"作用产生中断付费或终
止付费的决策。

(二)行为决策中的"助推"要素

"助推"(nudge)同样是行为经济学中的重要概念,2008 年
由芝加哥大学行为经济学家理查德·塞勒(Richard H.
Thaler)和哈佛大学法学家卡斯·桑斯坦(Cass R. Sunstein)
正式提出,它是指"任何不依靠明令禁止或是明显的经济刺激
方式,而利用个体在选择时的行为偏好或是非理性行为,以
积极的方式影响人们行为朝可预见的方向发展"[18]。2017 年
塞勒荣获诺贝尔经济学奖更是彰显了"助推"的理论价值与现
实解释力。

在本研究中,我们首先认为,无论是视频付费用户行为转
移的推力还是拉力因素,都并非理性的重大决策,而是更多地
体现为个体决策偏好。作为视频平台,保持用户持续付费"助
推"的力量也应在理解前述锚定效应与参照点的基础上,以低
成本、轻设计的方式进行。

仅从本研究的结果来看,"社会关系"就成为一个可以"助
推"用户持续付费的力量:第一,社会关系通过话题与热点助推

启动付费行为;第二,社会关系通过平摊账户的使用价格进而提高价值感知,从而减少了终止付费行为的助推力量。

"B站是因为会员到期了,就没有再续。因为现在我在用朋友的,分别在不同的视频网站买了会员,大家可以一起用,比较省钱。"(8. YCN)

"当我听到很多人在谈论一个影片的时候,我会先去查一下它的基础内容,如果符合我的胃口,那我会去看。我把我身边的朋友当成一个介绍人一样的角色,但不会因为他们看,所以我也一定要去看,但可能会有点影响,相当于提供了一个信息源头。"(9. JFR)

"我的一部分会员就像视频网站是跟我女朋友共享的,所以我感觉就还好,所以我没有太考虑成本的问题。因为如果我一个人看,比如说像B站这样的会员,我是一个人用的,然后我会考虑,比如说我开年费或者开季度月度,怎么样更划算。但是像视频网站,包括腾讯、爱奇艺,现在我跟家里人一起用,可能因为有人跟我在分摊使用时间,或者集体观看,我就会淡化成本方面的考虑。"(12. BXH)

因此,对视频网站平台运营策略来讲,重要的"助推"力量不容忽视,即媒介个人化使用极致之后的"再群体化"——在手机带来的个体化媒介消费的大趋势之下,传统的家媒介仪式感正在被消解:"去中心化"的家庭空间同时带来了一定的文化后果,原本整体的家庭空间被切割成孤立的个人空间,构建出一个个流动的私人场域。作为具有天然集体观看结构的视频媒体,重拾家庭场域(或类家庭场域,如宿舍)的"媒介仪式"是一个重要契机和市场机遇,这一机遇是图文内容、短视频等都无法占据的社会性空间。进一步从产业层面上讲,作为介于社会和个人之间的中观单位,家庭/类家庭互联网(to Home,简称 2H)很可能成为继消费互联网(2C)、产业互联网(2B)之后的又一发展趋势,可能成为互联网产业发展的重要方向。

本研究尚有众多不足之处,有待更多研究者共同探索:第一,是在更科学的样本中展开访谈,更加深入地挖掘内在可能。如前文所述,对于行为精细化实践(granular practices)的研究是可以继续探索的"富矿"。能力与精力所限,本文的访谈研究样本仅限于青年群体,在未来的研究中,研究者可以针对更多群体的行为动机展开机遇行为动机细分的深层访谈。第二,实践证明,行为经济学中结合经济学与心理学的研究视角对媒介消费行为有着较强解释力,基于这一研究视角展开的媒介行为研究将为媒介消费研究提供更多理论创新的可能。

注释

[1] Herbert G.(2009). *The Bounds of Reason: Game Theory and the Unification of the Behavioral Sciences*. New Jersey: Princeton University Press.

[2]〔德〕安德雷亚斯·莱克维茨:《独异性社会——现代的结构转型》,巩婕译,北京:社会科学文献出版社,2017 年,第 45 页。

[3] 张辉锋、景恬:《成本加成与消费者感知价值的结合:知识付费产品的定价模型》,《新闻与传播研究》2021 年第 1 期。

[4] 王栋晗、张珊:《在线内容付费意愿影响因素研究:基于用户免费心理的调节作用》,《现代传播(中国传媒大学学报)》2019 年第 11 期。

[5] 周涛、檀齐、Takirova Bayan 等:《社会交互对用户知识付费意愿的作用机理研究》,《图书情报工作》2019 年第 4 期。

[6] Datta, S. & Mullainathan, S. (2014). Behavioral Design: A

New Approach to Development Policy. *Review of Income and Wealth*. 60(1).

［7］汪丁丁：《行为经济学要义》，上海：上海人民出版社，2015 年，第 6 页。

［8］张志安、晏齐宏：《个体情绪社会情感集体意志——网络舆论的非理性及其因素研究》，《新闻记者》2016 年第 11 期。

［9］张倩楠、杨尊琦、史浩：《有限理性转发者的社会网络舆情演化分析》，《情报杂志》2014 年第 9 期。

［10］喻国明、曲慧：《嵌入与边界：社会时空对媒介使用模式的影响》，《当代传播》2020 第 4 期。

［11］Ellison, N. B., Penny, T., Sarita, S, et al. (2020). Why We don't Click: Interrogating the Relationship between Viewing and Clicking in Social Media Contexts by Exploring the Non-click. *Journal of Computer-Mediated Communication*. 6(6).

［12］Moon, B.(1995). Paradigms in Migration Research: Exploring Moorings as a Schema. *Progress in Human Geography*. 19(4).

［13］Cheng, Z., Yang, Y. & Lim, J. (2014). Cyber Migration: An Empirical Investigation on Factors that Affect Users' Switch Intentions in Social Networking Sites. *International Conference on System Sciences*, Hawaii, 2014.

［14］Hou, A. C, Y., Chen, C., Chen, H., et al. (2011). Migrating to a New Virtual World: Exploring MMORPG Switching through Human Migration Theory. *Computers in Human Behavior*. 27(5).

［15］Sun, Y., Liu. D., Chen, S., et al. (2017). Understanding Users' Switching Behavior of Mobile Instant Messaging Applications: An Empirical Study from the Perspective of Push-pull-mooring Framework. *Computers in Human Behavior*. 75(10).

［16］周涛、林晓靖、邓胜利：《基于 PPM 模型的社交媒体用户转移

行为研究》,《情报科学》2021 年第 2 期。

[17] Qian, W., Michael, C., Chih-Hung, P., et al. (2021). Using the Anchoring Effect, and the Cultural Dimensions Theory to Study Customers' Online Rating Behaviors. *Information Systems Frontiers* (pre-publish). doi:10.1007/S10796-021-10148-2, 2021.

[18] Thaler, R. H. & Sunstein, C. R.(2008). *Nudge: Improving Decisions about Health, Wealth, and Happiness*. New Haven: Yale University Press.

"Nudge" and "Anchoring": Research on Switching Behavior of Video Users' Payment Based on PPM Mode

QU Hui, ZHAO Jinping

Abstract: In this research, we take the switching behavior of video users' payment as the research object, through the grounded theoretical research of in-depth interviews with 25 typical young users aged 19 – 25, this paper uses nvivo 12.0 to explore the influencing factors of the starting mechanism of transfer behavior through open coding, spindle coding and selective coding, and establishes the PPM model of the switching behavior. The study found that in addition to the influence of basic content and copyright factors, "perceived value" and "social relationship" have become important situational conditions affecting the transfer of payment behavior. The innovation of this paper is that firstly, for the rough summary of fee behavior, it subdivides the three nodes of start-up payment, continuous payment, and termination payment. Secondly, it analyzes the operable behavioral economics of two important situational conditions and gives intervention suggestions based on platform operation.

Key words: Switching Behavior; Perceived Value; Anchoring Effect; Nudge

文化融合视域下中国传统文化节目的网生代用户群体研究

——基于阶梯模型的实证分析

徐 敏 李小勤

摘 要 "二次元"亚文化浸润下的网生代正逐渐成长为我国文化市场的消费主体,网生代用户的群体特征以及他们对中华优秀传统文化的传承、践行与传播是业界及学界共同关注的焦点。本文基于中国传统文化节目在 ACG 弹幕视频网站的传播数据,实证检测并建构传统文化的传播效果阶梯模型,探讨主亚文化"边界"的学理性问题。研究发现:在模型认知阶段,融合文化因子成为跨越"边界"的文化聚点,具高认同阈值;在情感阶段,相较于用户群的弱关联(线上互动),强关联(线下互动)对"边界"的消解效应更强烈,更能增强网生代对主流文化的情感效度;在意动阶段,认知度高的文化因子呈现较多时,用户互动频率降低、自我指涉趋向负面,体现了网生代群体的自我审视及价值重构,其心理与行动的矛盾性。

作者简介 徐敏,女,东华大学人文学院传播系讲师,硕士生导师。研究方向:时尚传播、政治传播。电子邮箱:xumin. rice@foxmail.com。李小勤,女,澳门大学传播系助理教授,博士生导师。研究方向:媒介效果研究,媒介融合与新媒体研究。电子邮箱:xqli@um.edu.mo。
基金项目 2020 年教育部人文社会科学研究青年基金项目"网络社群中非理性社会行动的媒介动员机制及引导路径研究"(20YJC860033);2019 年上海市浦江人才计划(C 类人文社科)"智媒时代的网络正能量传播及舆论引导研究"(19PJC004)

关键词 网生代用户 中国传统文化节目 传播效果阶梯模式

引言

（一）中国传统文化新热潮

中华优秀传统文化的传承及践行是发展我国文化市场、提升国家文化软实力的重要战略，近年来，文化环境机遇与挑战并存。数字媒体技术的革新衍生了新的传播格局，在为我国传统文化发展助力的同时，也使得多元文化形态交织下的网络文化环境日趋复杂，出现所说的"支离破碎、分散化、离散性"[1]的文化现象，其体现为网络空间中主流文化式微，消费文化、低俗文化、流行文化等形成"众声喧哗"的文化景观。被繁杂信息充斥的青年社会生活容易遭遇威拉德（Michael Willard）所提出的"意义危机"[2]，文化焦虑感使得都市青年试图通过文化参与的方式找寻意义。伴随互联网成长起来，以"90后"与"00后"群体为主的"网生代""二次元"群体通过网络亚文化的抵抗逻辑以拓宽自我表达空间，进行社交展演，如：产生了以颓废和自嘲为形式的"丧文化"等不良网络现象；抖音、快手、直播等新型媒介空间中，青少年群体形成了与主流相异的"黑客、越狱族、极客、掘客、Cosplay、御宅族、网游族、同人群、字幕组、拍客、微视频、恶搞"[3][4]等形式多样的亚文化。该现象正如马歇尔·麦克卢汉（Marshall Mcluhan）所述，新媒介不仅推动社会中主导文化的建构，同时会催生出各类亚文化现象。可见，探究网生代用户的心理症候、明晰青年群体性的文化诉求、建构良性文化生态环境是当前文化建设工作的重要内容。

中国传统文化节目使得青少年释放文化焦虑成为可能。根据《中国青年报》的新闻数据，到访故宫博物院的游客中 30

岁以下的占 40%,30—40 岁的占 24%。"亲近传统文化正在成为青年追求的新时尚"[5]。近年来备受青年热捧的优秀文艺作品也为这一现象提供了踪迹,承载了大量历史文化符号的人文历史纪录片,如《国家宝藏》《舌尖上的中国》等获得了高收视率;大量传统文化类节目,如中央电视台的《朗读者》《中国诗词大会》等成为年轻人追逐的"爆款""传统文化热",它们发挥着传播主流文化价值观的重要职能。以往历史与人文等传统文化内容易被贴上"说教""老套""沉闷"等标签,现在却意外收获年轻人的喜爱和认同。他们乐于互动交流,成为新的网络文化潮流,由此产生的主流文化传播路径研究、主亚文化融合的探讨具有重要现实及理论意义。

(二)"二次元"亚文化浸润下的网生代

本研究根植于"介质饱和的社会"[6]中,研究对象是在这一社会机制运作中产生的网络社群——ACG 弹幕视频网("ACG"文化,即动画 animation、漫画 comic、游戏 game)。2008 年在国内率先上线的 AcFun 和 Bilibilli(分别简称 A 站和 B 站),是 15 至 30 岁青少年用户聚集的两大 ACG 弹幕视频网,是具即时性、互动性、娱乐性的观影平台,同时也是中国二次元文化的发源地,并被国内学者视为"亚文化场域"[7][8][9]。A 站及 B 站用户通过一套严格的会员准入机制建构了明确的社群标识,使得群内的"自己人"与圈子外的"他者"区隔开来。ACG 视频网不同于如爱奇艺、腾讯等其他视频网站,其成员通过不断找寻、生产、建构亚文化边界获得群体认同感,稳固次元壁垒,孕育出大量"鬼畜"、二次元文化,同时成为网生代用户流连和集聚的文化场域及社交空间。

对 ACG 网站有高黏度,又称为数字土著(digital native)的网生代青少年深受二次元文化浸润,被赋予二次元爱好者的身份标识。他们以网络媒介为中介,其心理样态、文化认同、价值观念是与二次元文化在长期的、动态的相互建构中形成的[10]，研究显示网生代的"御宅化"倾向愈演愈烈[11]。"二次元"这一概念在国内语境中发生演变，亚文化群体边界不断泛化（generalization）。在中国语境下，多位学者发现"二次元"文化不仅仅停留在"抵抗""仪式""娱乐"及"狂欢"等范畴，"二次元"概念和文化表征发生着重构和流变，更呈现与主导意识形态相融合的新形态。如何威借用福柯知识考古的视角研究从"御宅"到"二次元"在中国本土话语实践的过程[12]，他认为文化演变与其所遭遇的政经权力和知识同构密切相连，二次元文化日趋主流，并呈现"泛二次元"势头[13]，不再从属于小众边缘团体。

（三）问题的提出

本文聚焦于"现象级"的中国传统文化节目《我在故宫修文物》，其在传统媒体收视平平，却在 ACG 弹幕网站"逆袭"意外走红，并被网生代用户追捧。这个节目在主流媒体平台的传播效果甚微，却受到刻板印象中"抵抗主流"的网络亚文化群体的喜爱，网生代同时扮演着传播扩散者的角色。主流文化"进场"与网生代群体的文化需求相对接，作为青年网络交互社群的弹幕网站，成为跨越文化边界的联结通道。

中国传统文化节目在网生代用户群中的传播效果以及网生代对主流文化"认同"的阈值与限度是本文的研究焦点。本研究从受众的视角出发，试图架构并验证传播效果阶梯模型中所涉变量的联结关系，研究主要运用了实证主义系统的内容分析法，基于对弹幕即时性的大数据采集、数据分析，辅以质性的观察及网络话语解读，分析"弹幕"作为一个网络社群交互渠道，在其媒介调解功用下，文化边界如何消解，使得主流文化渗入亚文化"群内"以获得用户认同并使其产生意动行为。此外，本文分析了网生代的群体特质，实证测量传统文化节目对其文化认知、情绪表达及意动行为的影响效度。学理性地辨析在数字媒介介入下，文化融合的"边界"特性、文化形态的动态转换。从实践效用看，以期这一成果贡献于网络时代我国文化产品的传播策略，助力中国主流文化的传播与创新。

一、文献综述

（一）"文化边界"的探讨

文化边界（culture border）的概念在跨文化传播研究领域有所涉及[14]，使用"边界"一词强调不同文化群体间的差异。边界的探讨常以东西方文化差异为背景，指涉现代民族国家间的分界、界线。跨文化语境中"边界"存在的前提是国家与国家间存在着绝对的文化隔阂，具"互相隔离、互相排斥甚至互相敌对"关系。"跨文化"则是打破对立、实现一种民族国家文化间互通勾连的理想状态，即知识和技术互通的"无边界"形态[15]。然而，对于并无绝对对立的"中华民族内群体"[16]——被证实"分离"与"融合"并存的主亚文化，其"文化边界"的厘定较模糊。如何界定其文化群体的分类标尺并探讨内群体"文化边界"建构与消融的内在机理，尚未引起学者的足够关注。现有内群体文化差异的研究往往以城乡或民族为界，而较少关注主亚文化之隔。亚文化"边界"的本土化研究具有独特性，囿于我国众多亚文化者长期浸润于主流文化中，若一律被赋予"他者"身份具非合理性。正如前人所述，内群体"边界"的探讨"本质上是一个关于如何重新审视'他者'的问题"[17]。考量到主亚文化的辩证关系，当下研究应思考如何既保留多元文化并存的传播状态，又使得亚文化者能脱离"另类、边缘"的文化困境，寻求理性表达，与主流文化相融合交织，实现二者的良性渗透。这一问题既关乎社会结构中主导文化的权威性建构、自我意识及自觉功能的塑造，又涉及如何对亚文化进行"他者化"处理。

依据种种前期研究的迹象，我们探寻到亚文化"边界"特性及群体特质会随着媒介环境变迁不断演化，新技术嵌入的传播格局提供了文化边界消解的可能性，出现了"流动性"的社群成员，这也构成了本研究的理论缘起。早期研究中的亚文化"边界"是以时空或组织为标识以作区隔，然而，植根于互联网发展早期，新旧媒体转型时代，班尼特（Andy Bennett）的研究将青年亚文化者描述为"浮动的群体成员"（floating memberships），亚文化群体特征化为"临时聚集"（temporal gathering）的新部落（neo-tribe），网络亚文化社群不时地凝聚、解体与重构，其身份认同是流动的（fluid），而非传统视角下固化的群体区隔（fixed）[18]。在开放的网络社会，众多亚文化社群形成了社交媒体传播形态，亚文化者社交与行为呈现"跨地域"特征[19]。国内学者沿用较多的是美国传播学家亨利·詹金斯（Henry Jenkins）所述的参与式文化（participatory culture），它是对互联网时代网生代亚文化最好的概括。青年参与文化的创制，在共享互通中成为意义的生产者和流通者。如此一来，信息具扩散性的网络社会情境下，文化身份并非一成不变，亚文化社群成员会表现出一种"游牧式的主体性"，如约翰·费斯克（John Fiske）所述，他们按自身需求不断调试所效忠的社会从属关系。亚文化群体并无绝对的"他者"，个人的文化身份在不断的实践中发生变动[20]。

主流文化对亚文化的良性渗入、文化融合涉及一个关键问题，即如何跨越文化"边界"，或者说关乎两种文化的"通约性"[21]，这需要找寻一个文化对接通道：文化"聚点"。那么，新型媒介究竟是如何作用于主亚文化"边界"的形态演化？学者们有不同论断。一是侧重于讨论亚文化社群的"自我完整性"、排他性，媒介使得"边界"被强化。前人研究大多从"集体认同"

"身份认同"的理论视域着手,讨论亚文化群体是如何通过社群互动促使群体观念极化、加深群内成员的身份认同感[22][23][24]。亚文化者借用新媒介建立集体认同并建构文化场域,如"迷文化"的研究,作为身份认同的"迷"构成了社会多元的亚文化[25]。二是谈及文化差异的消弭、文化协商及交融。这一视角指出新技术对主亚文化边界的解构。学者近年来的研究进一步指出,技术革新使得亚文化群体接入新型交互渠道,虚拟场域(virtual spaces)使得成员无须面对面进行实景式的文化参与,超越了地域的界限[26]。国内学者李明等基于对虚拟社区中的ACG爱好者的民族志观察,发现其文化生产正"从圈层内部向外泛化",呈现多文化杂糅特性[27]。亚文化群体如同人迷会受"他者"的影响进行"意义再协商"、再认知及形塑更理想的"本我"[28]。国外学者通过对"越轨亚文化"的民族志研究发现,媒体是与亚文化者日常实践紧密结合的一部分,亚文化者通过媒介中介以实现艺术表达与技能展演,将自身行为合法化(legit-imization)并修复公众对自身的固有观念,他们试图强调自身行为的商业价值,消费主义的影响下利基化,自我定位(niche)为时尚艺术家,而非叛逆者[29]。可见,技术在增强亚文化成员互动性的同时,也拓宽了青年除抵制反抗行为之外的自我表达空间,这一媒介嵌入的过程使他们从"边缘者"回归到社会与主流文化表层。

然而,以上研究的着力点在于文化研究本身,多为主亚文化现象思辨性的描述分析上,关乎内群体"边界"的相关问题仍需进一步探索论证。在具化的网络亚文化社群传播情境中,内群体文化边界"跨越"的阈限何在?从媒介功能视角看,技术驱动的新型社群互动方式在文化边界的"消融"中效力如何?结合中国文化特性,网生代对不同主流价值观的态度及认知如何?文化传播如何趋利避害?这些问题亟须得到实证的分析与解释,目前有关研究是比较匮乏的,这恰恰是本研究的主要目的。

(二)传播效果阶梯模型

一般意义上说,所谓"有效的传播"是对人(受众)产生了影响的传播,传统实证主义媒介效果领域着重于验证传播对人(包括个体、群体乃至社会)的认知、态度的改变,此类研究成果不胜枚举,本研究需结合媒介交互性等新特点,持动态视角考察传播效果。青年人在文化产品中获得对主流文化的认同感被视为一种自我身份指认的思想行为[30],文化认同建构过程并非简单的线性路径,是涵盖群体特性、交互方式、文化产制等多因素的多向度模式[31]。因此,传播效果的概念化与操作化既需贴合文化认同的复杂机理,还需遵循亚文化社群的传播特征、行动规律。纪录片观影者的弹幕互动蕴含了大量的认知、感情、态度等有关影片、自身或周围环境(代入)的信息,如何测量它们之间的异同与互动? 一个经典而被广泛运用在营销传播领域的阶梯模型浮现出来,即拉维奇和斯坦纳的传播效果阶梯模型(Hierarchy of Effects Model),自从问世以来,这一简明而易于操作与测量的模型,在广告营销传播界经久不衰[32]。

模型指出人们从观看产品广告到购买的过程中存在六个阶段。广告主的任务就是让消费者顺利通过这些步骤直至最终购买产品。拉维奇和斯坦纳进一步把这六个步骤整合为三个阶段,即认知(cognitive)、情感/态度(affective)和意动(conative)。认知阶段与想法(thinking)有关,消费者注意到并开始收集产品的信息,基本不涉及态度与情感;情感阶段则关联感觉(feeling),他们喜欢产品品牌,并对此有信念(conviction);而意动阶段则通向最后的购买行为。此模型把传播作用从客观到主观、从认知到情感行动进行了由浅入深的划分。但也有不少质疑的声音,如意动阶段的购买行为是否是因为说服效果或是其他因素引发的,这同样是本研究需探寻的问题。

本研究虽不属于广告营销传播,但数字时代的文化产品越来越注重效果的实用性,这一可操作化的模型十分适用于测量受众对新媒介渠道的黏着性(其胜于传统电视的原因)以及观测主流文化如何实现在特定群体中的有效传播、主亚"边界"消解。本研究借鉴了模型中认知、情感及意向的区分以考察价值观的传播与扩散。线上观影过程中,纪录片自身信息及互动中的弹幕内容"说了什么"是否能使得二次元的"异托邦"空间由封闭到开放,引起青少年注意并使之产生兴趣甚至信念;传播方式"在什么渠道如何说的"即人际传播和网络社群互动的不同能否使得受众态度、认同乃至意动存在差异性。基于传播效果阶梯模型,本文设计了研究框架图(见图1)。

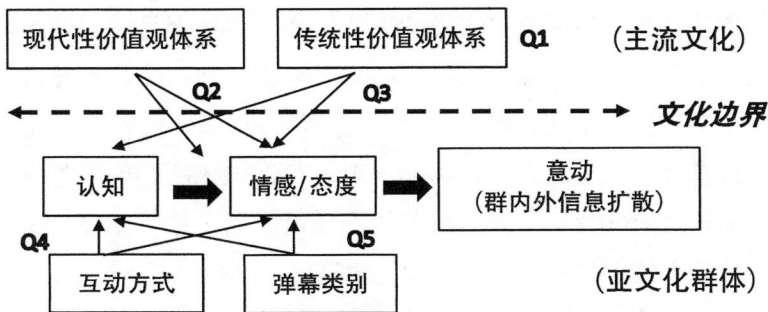

图1　基于传播效果阶梯模式的研究框架图

二、研究方法与研究问题

(一)研究样本与数据收集

《我在故宫修文物》不仅展现了木器、陶瓷、青铜、漆器、钟表、织绣、书画几类关系密切的文物修复细节,更是以第一人称"我"的角度讲述了修复大师将蒙尘乃至破损的国宝级文物精心修复的故事,这是一部反映中国文化价值观的精品纪录片。该片最早在中央电视台播出,收视率走低,然而在弹幕视频网A 站、B 站推出后却"逆袭走红",在网络权威影评平台"豆瓣电影"取得 9.5 的高分(满分 10 分)。在弹幕数据采集中,本文采用了自动化数据抓取技术,从 AcFun 和 Bilibilli 网站后台收集实时数据,根据语义配合自然语言处理技术、智能化过滤数据,最终获得特征显著的弹幕样本。抽样时间区隔为纪录片影响效力最强盛时期(基于点击率)。弹幕总计 18872 个,主要来源于 B 站(占 95.4%)。本文采用内容分析法对三集纪录片及对应的弹幕进行全样本分析,利用客观系统的量化方式加以归类统计,并辅以叙述性的解释。

1. 价值观的类目设置和编码

价值观的类目设置和编码采用了质化和量化相结合的研究方法。在中国价值观的研究框架中,本研究主要采纳了杨国枢提出的多元个人传统性与现代性十项量表[33]。第一轮编码基于十项价值观,以"单一分镜"为分析单位,以价值观之有无进行打分("1"为出现,"0"为无出现)。第二轮编码中,筛选掉比例较低的(<2%),最后保留了高信度类目。编码工作由 2名传播学博士研究生完成,内部信度为 0.87。

现代价值因素三项:(1)乐观进取(α=0.89),主要指乐观的态度和信任的胸怀;(2)平权开放(α=0.81),强调在各种角色关系中与社会情境中应注重平等权利与开放的胸怀;(3)独立自顾(α=0.71),强调在生活与行为上独立自主,少受别人的影响。

传统性价值观两项:(1)遵从权威(α=0.73):强调在各种角色关系与社会情境中应遵守、顺从、尊重及信赖权威;(2)安分守成(α=0.91):安分强调自守本分、与人无争、不做非分之想等面向;守成强调逆来顺受、接受现实、不求进取等面向。

在反复观看研读纪录片的基础上,研究人员在第二轮编码中加上了三个出现频率较高的类目:一是与现代价值观相关,即"开拓创新"($\alpha=0.78$),强调在工作中的创新精神。二是在传统性方面新增两个:其一是与文化、文物密切关联,即"文化传承"($\alpha=0.72$),强调中国千年文物的修复继承;其二是"潜心修为"($\alpha=0.87$),强调钻研事业,大师们"择一事终一生"的精神等。经过数据抽样,纪录片部分的内容分析包含传统价值观与现代价值观类目各四个,各变量的 Cronbach's α 和量表总 α 值均大于 0.7。

2. 弹幕的编码和测量

传统观影评论常以宏观视角对纪录片整体做系统性点评,而弹幕改变了评论与特定内容相分离的状态,"传—受"双方紧密衔接,弹幕评论与视频时间轴同步、建立了即评即看的观影模式,社群成员的互动常聚焦为特定镜头、场景、片段。弹幕的编码与测量有助于本研究更具针对性、高效度地检测特定主流价值观的传播效果。

本研究中编码表的设计考量了弹幕传播特性,纪录片一个镜头中可能出现多个弹幕,为保证准确性,研究则设定每一条弹幕为横轴,并依照纪录片时间节点从前往后(如播放时间"0.00- 50:15")依次排列,编码纵轴则为每条弹幕一一对应的价值观类目及其他指标的测量(话题类型、认知、情感),这一类贴合弹幕特性的内容分析方法可为后续研究做参考。本研究对弹幕的分析设置了两个指标:

其一,弹幕涉及的内容 (1=关于纪录片;2=纪录片人物;3=关于自己;4=群内线上互动;5=群外线下互动;6=其他)的类目量表。其中,"关于纪录片"主要谈论纪录片中的物件、画面、场景、故事、情节;"纪录片人物"是对人物角色的讨论,包括文物修复师的特质、外貌、行为、人物间关系等;"关于自己"

是由纪录片联想自身并主要谈论自己的故事、现状、行为等，以上三项是弹幕中所讨论的话题。

以下两项关乎受众互动，可作为判断纪录片是否引起了受众注意，从而会产生互动行为，即阶梯效果模型中"认知"（cognitive）阶段的检测："群内线上互动"是观影者对弹幕信息展开对话或回应，"群外线下互动"是弹幕中透露出该观影人/行为是由线下渠道推荐熟悉影片从而产生观影行为。"其他"为无法判定内容的信息。

其二，弹幕中受众态度的呈现，即检测模型中"情感"阶段（affective）。根据弹幕中关键词、表情包、情绪符号等，衡量群体文化认同度。本文使用 7 分李克特量表编码（－3＝非常厌恶，－2＝厌恶，－1＝有点厌恶，0＝无态度或中立，1＝有点喜欢，2＝喜欢，3＝非常喜欢）。分析阶段，我们将－1 到－3 合并为"厌恶/负面态度"，正向的三个尺度则合并为"喜欢/正面态度"，中立或无态度不变。

（二）研究问题

综合以上文献与研究框架（见图 1），我们提出以下研究问题：

其一，主流文化的内容生产——本研究以具代表性、已实现有效传播的中国传统文化节目案例为观测点，以透视贴近网生代文化认知的主流文化内容与特征：

RQ1：对于主流价值观的传播主体，现代性、传统性价值观在纪录片中是否同时并存？其特性如何？

其二，主流文化的传播效果——聚焦于主流价值观本身的内涵差异及亚文化群体的文化认同阈值，探讨并验证传统性和现代性文化在网络空间中的活性与生命力：

RQ2：网生代对现代性价值观的认知及态度/文化认同度如何？

RQ3:网生代对传统性价值观的认知及态度/文化认同度如何?

其三,亚文化社群互动的影响效度——媒介化社群互动对主流文化传播效果的作用效力,聚焦于交互方式及内容模式差异:

RQ4:网生代不同交互方式(线上、线下),是否影响其对主流文化的认同度、喜好度?

RQ5:网生代不同的互动话题(关于纪录片、纪录片人物及关于自己)是否影响到对主流文化的认同度、喜好度?

三、研究结果与发现

(一)文化聚点:中国传统文化节目中主流文化因子特性

《我在故宫修文物》的价值观分布兼备传统与现代性(见表1)。现代价值观占总体的 18.7%,而传统价值观占较大比例,为 58.7%。究于主题,纪录片以传统为主线,着重凸显"择一事终一生"的匠人精神,传统性中"文化传承"(26.1%)、"潜心修为"(17.7%)、"遵从权威"(11.4%)的比例排名前三。现代价值观中,"乐观进取"以 7.6% 占据第一,"平权开放""开拓创新"与"独立自顾"都超过 2%,位列第二至第四位。纪录片案例的内容产制并非特别针对 B 站的二次元用户,没有迎合 ACG 文化风格,但其中的基于现代与传统价值观体系的文化符号、文化理念及叙事模式,却意外激活了这些数字原住网生代的高文化认同感,成为流量"爆款"。这种并无"刻意迎合",非"有意而为之"的文化收编行动恰恰证实了青年亚文化者自身具有传统文化根基,他们突破了刻板印象中的"叛离者"身份。内群体的文化边界得以消弭,是主流意识形态在"差异性文化表象"[34]下对边缘群体的有效传播。

表 1　主要传统、现代价值观在纪录片中的比例

类别	价值观	百分比（%）	均值（Mean）	标准偏差（SD）
现代性	现代—乐观进取	7.6	0.08	0.26
	现代—平权开放	4.8	0.05	0.21
	现代—开拓创新	4.3	0.04	0.20
	现代—独立自顾	2.0	0.02	0.14
	总和	18.7	/	/
传统性	传统—文化传承	26.1	0.26	0.44
	传统—潜心修为	17.7	0.18	0.38
	传统—遵从权威	11.4	0.11	0.32
	传统—安分守成	3.5	0.04	0.18
	总和	58.7	/	/

注：$n=658$

本文对价值观变量进行了 KMO 和 Bartlett 检验，KMO＝0.621，$P<0.001$，结果达到了显著水平，变量间有较强相关性。因子分析的基本逻辑是若变量间具强相关，则可能存在具共同影响力的因子（即公因子）。结果说明纪录片中某几个价值观共同产生效力的可能性较高，符合因子分析的数理结构。

本文进而采用主成分分析法（Principal Components Analysis）及方差最大化旋转（VARIMAX），对 8 个纪录片中出现的 8 个价值观进行科学有效的分类，并思考：在媒介化社群互动方式的调和之下，不同特性的主流文化呈现出哪些维度？本文不限制因子数目并抽取特征值大于 1 的公因子，过滤掉载荷值低的指标（<0.65），最后呈现出三种价值观因子（见表 2）。

表2 主流文化价值观变量的因子分析表

价值观因子	主成分	成分1（系数）	成分2（系数）	成分3（系数）
现代文化因子	现代—开拓创新	/	0.656	/
	现代—乐观进取	/	0.699	/
融合文化因子	现代—独立自顾	/	/	0.819
传统文化因子	传统—安分守成	0.683	/	/
	传统—遵从权威	0.673	/	/

注：旋转后的因子矩阵，$n=658$

第一类是本文预先归类的现代性价值观，最终保留了"开拓创新"与"乐观进取"，形成因子载荷矩阵，本文将其归类为"现代文化因子"。

第二类是从现代性价值观体系剥离出的"独立自顾"，呈现较高载荷值0.819。因子载荷值是原始变量和因子间的相关系数，可反映变量对因子形成的重要性大小，研究中"独立自顾"单一价值观变量呈现载荷矩阵，这证明"独立自顾"有别于其他两类文化因子，呈现独特性。本文将其命名为"融合文化因子"，以进一步探讨其内涵意义。

第三类是由文献中提炼的两个传统文化价值观而组成的，即"安分守成"与"遵从权威"，被命名为"传统文化因子"。

突破主亚文化隔阂关键在于寻找文化聚点，在此借用托马斯·谢林（Thomas Schelling）的"聚点"概念，即不约而同、所见略同的相聚点。"植入式"的文化渗透与干预并非能发挥效用，聚点的产生需要基于文化双方"达成的某种默契"[35]，"边界"建构可以是文化双方对话与协商的结果[36]。网生代主张特立独行，追求个性解放，"独立自顾"价值观贴合其群体特性，主流文化在亚文化社群调解作用下与网生代的共享符号建立关联，这即是罗兰·巴特（Roland Barthes）所述的"意指化"过程。作为中华民族文化内群体的亚文化者本就是在不同的社会政治环境中孕育而生的文化主体"分支",找寻具兼容性的文化符号作为文化聚点,才能使得主亚文化双方形成建设性的互补关系。

(二)网生代用户对中国传统文化节目中主流文化的认同阈值

通过交叉表(crosstab),我们进一步比较弹幕中受众对传统、现代价值观的喜爱程度差异(见图2)。总体上看,受众对各项传统价值观普遍持正面态度,各项比例均超过50%;现代价值观体系中,"开拓创新"比例稍低,占46.8%,而融合文化因子"独立自顾"(71.3%)喜爱程度最高。考虑到纪录片以传统文化传承为基调,整体上看,弹幕观影的群体对该纪录片中的主流价值观无论是现代性还是传统性均持较高的认同态度。弹幕评论频率随着纪录片叙事而波动,直观的时间序列图可观测出关注度较高、互动性较强的时段及与之对应的情节。如图3,综合3集纪录片中的弹幕数量均值,本文基于时间次序排列,将弹幕个数按播放时间顺序排列、分析随机变量序列。峰值点多出现在故事开头、修复师出场时及文物修复完成时。

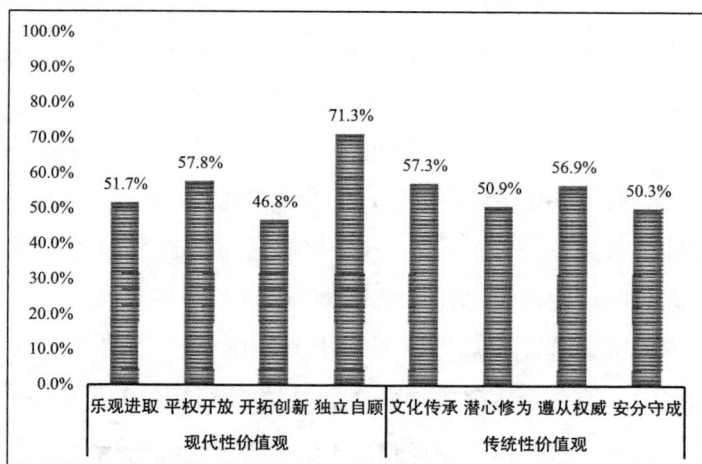

图 2　网生代群体对纪录片价值观的认同阈值

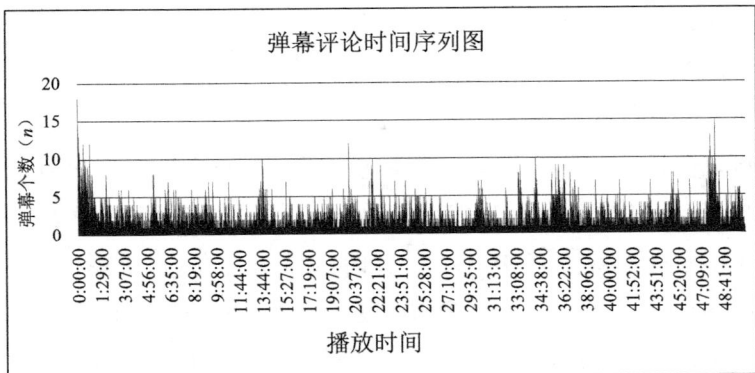

图 3 弹幕评论时间序列图

　　故事开头的评论内容多为受众的自我叙述,说明社群成员的"自我表露"带来群内强互动,他们建立了"没有间隔"的会话交替秩序,亚文化成员实现了"微观互动仪式的节奏连带"[37]。多人观影产生的"集体仪式"场景带来的强烈共鸣感增强了群体归属感与凝聚力,从而提升个体的观影兴趣,助推主流文化向亚文化场域的接入与延伸。互动频繁的情节还包括,如钟表修复师王津,纪录片中特写了他反复修复铜镀金乐箱水法双马驮钟时的神态,以"人"为指向的叙事方式使得弹幕受众极具代入感,具有现代性的自我精神及集体主义色彩。钟表修复完成时"活"起来的特写再现了文物传统性价值。纪录片中文物与工匠融为一体、相得益彰的叙事方法呈现了深刻的文化意义,其符号隐喻及具有传统精神的人物形象建构颇具文化感召力,应和了网生代的文化记忆、集体记忆,形成认知询唤。

　　(三)网生代用户群体的自我表露、集体共识及强弱联结

　　在弹幕的类别分布(见表 3)中,筛选掉无内容意义的"其他"类别后,有效样本量 $n=18473$,关于影片本身内容和人物的弹幕最多,两者合计为 9529 条,超过一半(占 50.5%)。若将"关于自己"的弹幕视为自我表露(self-disclosure)的方式,这是同伴沟通(互动)的一个积极起步[38],它与"群内线上互动"

二者比例合计高达 46.1%（$n=8708$）。透露出由线下朋友推荐来观剧的弹幕内容，若被视为解释自身行为动机的深度交流，则三项比例合计高达 47.4%，与关于纪录片内容本身的弹幕比例近似相等。由此可得，弹幕这一新型媒介成为网生代展示自我的平台，无限满足了群体的感性诉求，使得自我建构具有丰富性[39]。结果正如日本学者冈田斗司夫在《御宅学入门》(1996)一书中所述，网生代是"极具表达欲的一类人群"，研究的实证结果也指向前人研究的论断，即相较于面对面的人际沟通环境，基于文本的计算机媒介化传播中，他者的自我表露行为被认为更具亲密性[40]。本文的发现可视为网生代群体由线下延伸到数字环境中的一种积极社交策略。

表3　弹幕内容与情感/态度的列联表（crosstab）及组间方差分析（One-Way ANOVA）

内容分类		百分比 %（n）	均值 M （偏差值 SD）	负面态度	中立或无态度	正面态度
弹幕类别	关于纪录片	36.7 （$n=6925$）	M=1.00 (SD=1.21)	3.2%	40.3%	56.4%
	关于纪录片人物	13.8 （$n=2604$）	M=1.56 (SD=1.04)	1.5%	13.1%	85.4%
	关于自己	25.0 （$n=4720$）	M=1.20 (SD=1.02)	1.9%	24.5%	73.6%
互动方式	群内线上互动	21.1 （$n=3988$）	M=0.10 (SD=0.55)	1.5%	88.2%	10.3%
	群外线下互动	1.3 （$n=236$）	M=0.80 (SD=0.74)	0.8%	26.3%	72.8%

注：$n=18865$，有效 $n=18473$，$F(5,18865)=887.27$，$P<0.001$，$\eta^2=0.19$

为分析不同弹幕内容的情感差异，本文运用列联表（crosstab）以观测不同态度的比例分布，并采用一维组间方差分析（ANOVA）比较因变量在多个独立组中的均值差异。为有效解读弹幕评论及互动方式对网生代情感态度的解释效力，本文测算了 η^2 度量（组间平方和/总平方和），即测算"喜恶程度"变量方差被解释的百分比。从总体上看,表达负面厌恶情感的弹幕受众为极少数,普遍持正面态度。弹幕所讨论的话题及交互行动对青少年文化认同感有显著影响。本文通过方差齐性检验,显示总体方差不相等,$F(5,18865)=887.27$,$P<0.001$,$\eta^2=0.19$。经过独立检验、Turkey 的事后检验程序表明,组间具显著差异。其中,体现个人精神的"纪录片人物"的评价最高($M=1.56$,$SD=1.04$),正面态度比例占 85%,仅 13.1% 持中立或无态度。可见,由于《我在故宫修文物》以人物叙述为主线,其中的文物修复大师的故事受到弹幕族网生代的高度喜爱。同时这种认同感会"由人及己",年轻人将纪录片内容与自身情绪和行为相联系时,"关于自己"($M=1.20$,$SD=1.02$)的正面评价(73.6%)仅次于对"纪录片人物"。

高态度量值的文化认同及自我表露说明亚文化群体内"自己人"产生了具有共识性的集体行动。虽然社交媒体使用被证明会对青年的政治抗议[41]、信息权抗争等群体行为产生影响[42]。本案例研究证实出社交行为能积极提升青少年的主流价值感知,即时性分享信息的弹幕社群使得个人认知会受到群体中其他成员意义建构的影响,特定事物"被人们感知并赋予特定意义"的网络集体行动是一个从意义建构到共识达成的过程[43]。基于共同的文化及价值感知,网生代在话题聚焦及讨论中进行集体层面的意义建构,群体内驱力使得其产生对主流文化共识、传播及强化。

群内群外的交互方式所建立的强弱联结均可作用于青少年群体的文化认知与态度。根据科恩准则(Cohen)所约定实践中的效应量值,度量结果对应了较大的效应($\eta^2>0.14$),表明弹幕类别差异解释了青少年情绪表达方差的 19%。表达正面情绪最低的是"线上互动",其中表达中立或者无态度的占较大比例,仅10.3%表达了正面的情绪,似乎有点矛盾或出乎意料。

然而,这恰恰反映了弹幕视频网是大量亚文化群体的聚集地,"御宅族"等小众群体有着极具风格化的"弹幕语言",于之而言,弹幕的媒介功能并非仅仅在于传播信息,而是延伸并拆解主流文化本身的符号意义,在解构及重构中实现群体仪式狂欢[44]。他们往往"在表达中发些情绪,在调侃中获得快乐,在认同中得到温存"[45]。本案例中对于影片与人物的弹幕大量地表达了正面喜好,而成员之间互动提供了一种"无态度""无意义"的娱乐空间,是一种横向、广度的"弱关联"(weak-tie)[46],而除了通过弹幕进行"线上互动"的用户,也有少量用户($n=236$)表示了他们是通过线下渠道产生观影行为。这一类弹幕类别归为"线下互动",72.8%的"强关联"(strong-tie)受众明确表达正面态度,这说明相较于依托虚拟社群建立起的弱社会关系,成员与社群外"他者"的人际联结在深化情感维度中效力更强。

(四) 文化因子与网生代社群互动、内容认知及情感态度的关联性

为探究中国传统文化节目中不同文化因子对网生代的互动方式、媒介内容认知及互动情绪间的关系,本文对前期变量进行重新编码,并测算皮尔森相关系数,探测文化因子对群体影响是否具有显著性(见表4)。

表4 文化因子与互动方式、受众认知间的相关性分析

变量名称		价值观因子		
		传统文化因子	现代文化因子	融合文化因子
互动方式	线上互动次数	−.021**	.020**	−.034**
	线下互动次数	−.018*	−.020**	−.014
内容认知	对于纪录片态度	.076**	−.036**	.074**
	对于纪录片人物态度	−.027**	.052**	.038**
	关于自己的态度	−.068**	−.068**	−.005

（续表）

变量 名称	价值观因子	传统文化因子	现代文化因子	融合文 化因子
互动 情绪	线上互动的态度	.008	.013	.006
	线下互动的态度	−.001	−.018*	−.011

说明:皮尔森(Pearson)相关系数,显著性双尾 Sig.（2−tailed）, $n = 18872$。＊＊相关性(Correlation)在 0.01 层上显著 0.01 level（2−tailed）;＊相关性(Correlation)在 0.05 层上显著 0.05 level（2−tailed）。

根据表 4 所示结果,值得探讨的现象是:

传统文化因子与线上（$r =$ −.021＊＊）及线下互动（$r =$ −.018＊）次数均呈显著负相关,却能增强受众对于传播介体——纪录片内容的正面态度（$r =$ .076＊＊）。由此可见,传统文化在增进社群活跃度中"效力已达,而力不足",在已赢得青少年认同的同时,传统文化如何通过创新型"跨界"路径穿透次元壁以博得关注值得思考。现代因子越多,线上互动越频繁（$r =$ .021＊＊）,却未能有较多的线下交流（$r =$ −.020＊＊）,同时,现代性价值观与线下互动态度（$r =$ −.018＊）及自我认知（$r =$ −.068＊＊）呈显著负相关。"独立自顾"是所有价值观中认可度最高的,它并不能显著增进社群交互,作为主亚文化中和作用下的价值观产物,其使指涉自我的态度（$r =$ −.005）趋向负面,但能有效增强网生代对纪录片内容（$r =$ .074＊＊）及人物（$r =$ .038＊＊）的积极认知。

这一结果证实了融合文化因子可被视为跨越主亚文化边界的文化介质,信息时代下文化本身的符号意义及受众解读具有流动性。"独立自顾"增强了亚文化群体对主流文化产品（纪录片）的认同感,网生代群体长期处于高度信息化的文化空间,多元符号集合下的文化产品被标识新特征,即迈克·费瑟斯通（Mike Featherstone）所说"碎片化的符号和形象漂浮不定的大杂烩"[47]。作为主流文化传播的受者,网生代群内成员进行自我解读,并作为再生产者赋予文本新的符号意义,从而渗出跨越边界、"流动"的文化;同时,他们通过媒介化社群互动进行集体狂欢,这一过程也加强了群体认同感,在群体内部形成独立的话语体系,并具有一定穿透力。技术变革不仅仅突破了不同媒介间的屏障,也带来了亚文化群体对社会主导性文化的话语冲击。

当主流文化因子出现频率越高时,却未能引起网生代出现较多的弹幕互动,或是较高的自我认同感,这一数据映射了网生代的群体特质。作为网生代中特征最为鲜明的"御宅族",他们与现实社会进行消极反抗,在虚拟空间的群体行为是对现实社会的逃避,即"只对特定的范围和事物关心"[48],他们常常以"吐槽""自嘲"与"戏仿"等方式进行自我宣泄、意义解构。当主流文化渗入,他们对文化介质高度认同的同时,与现实的矛盾依旧难以调和,更多的是加以自我审视。因此,"关于自己"的内容认知与文化因子均呈负相关,或这一现象可以理解为,主流文化使得价值迷失、遭遇意义危机的"御宅族"发生了认知、检视及修正自我的过程,使"消极抵抗"的亚文化群体实现自我缝合及价值重构,虽然我们从弹幕中无法得知他们线下及未来的行为趋势,但这一结果证实了主流文化传播的意义所在。

同时,大多处于青春叛逆期的网生代有着心理与行动的矛盾性,有较高认可度的文化因子也许会使得群体在潜移默化中发生"内化",却未能激发起其分享互动的行为,这也与他们的自我指涉行为息息相关。调查显示,自我认同感是影响大学生网络分享行为的重要性因素[49],这与本研究的数据结果相吻合,当他们处于价值观迷失、自我认同度低时,并没有积极地与群内或群外成员互动分享。网络交往框架下群内联结更加紧密,同时也必然导致"真实"与"虚拟"鸿沟无法逾越的集体焦虑感,这体现为在弹幕这一亚文化网络场域中群体的狂欢与孤独感并存的现象。

四、研究结论与反思

本文以考察中国传统文化节目在网生代群体中的传播效果为目标,力图探究主亚文化间关乎内群体的"边界"问题、媒介化社群互动在文化融合中所扮演的角色,并透视网生代群体的心理及行为特质。毋庸讳言,主亚文化的价值冲突对核心价值观是一种挑战,但同时也是价值创新与发展的机遇。基于数据结果,本文用传播效果阶梯模式的模型图(见图 4)来解读中国主流文化在网生代社群的动态传播路径与效果。本研究为主亚文化融合提出了有价值的线索,并将结合效果模型中的不同阶段特性以作分析。

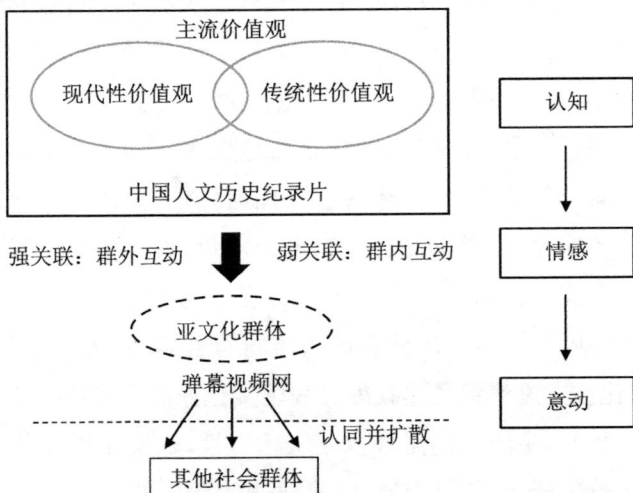

图 4 中国传统文化节目在网生代中的传播效果阶梯模型图

(一)认知阶段——文化(边界及特性)与网生代认同关联

亚文化相关研究显示其群体边界并非固定刻板,如班尼特所述"具有灵活性"[50]。就文化本体而言,本文涉及较少关注的内群体文化"边界"及主亚文化不同特性的比较。边界"消融"究其原因有二:一为具"兼容性"的文化符号表征,青少年群体通过社会化媒介成为积极的受众,在"参与式文化"中进行意义建构、符号解读及文化再生产。如"独立自顾"这一现代性价值观融合了主亚文化不同的话语特性,"边界"双向破解、有效对接,成为具有流动性的文化介质、文化聚合点。这也使得我们寻得文化协商、传承、演化,不同文化形态转换的踪迹,模因论机制下数字化的文化复合体(融合价值观)在主亚文化的对话中构建了"第三空间",实现文化对话的平衡,弱化了差异性。我们不妨期待未来智能化、数字化的创意式文化元素会进一步拓展对话空间,由互动式到沉浸式的文化传播方式会带来更具效力的文化融合路径。二为"边界"跨越与青少年文化认同息息相关,"网生代"虽成长于数字媒体时代,但其中多数人在中国传统文化环境下完成社会化过程,他们文化认同中包含对传统文化的敬仰。文化认同机制过程论之下,文化共同体内部被视为一个系统过程,这包括了文化传播与信息分享互动的过程,旨在价值观的接受与认同、流动与交换。尊重文化多样性是文化融合的前提,以创造共享文化为目标,占社会主导性地位的主流文化需"走下高台",以人为视角、平民化的叙事结构作为主亚文化融合的内容基底。目前,"故宫文创、中国风服饰、乐曲新风尚"穿透次元壁成为流行符号,弹幕观影等"二次元"文化被主流消费文化收编。我国文化产品应采用创新型文化生产机制,主流文化需考量亚文化特性,亚文化需要往正向性主流价值延伸,使之合流、有机协调并具有统一性。

(二)情感阶段——网生代社群互动与情感效度

青年亚文化向主流社会回归进程中,主流文化须借力可接触到目标群体的媒介平台。弹幕视频网提供了新型社交形式,其特性可加深群体情感认同,作用力主要体现在两个方面:一是在互动过程中群体实现了"关于自己"的自我审视,这一过程往往以态度量值低的情感效度为特征,这是主流文化渗入下群体自身价值重构的体现;二是与"他者"的分享互动,涉入群外强关联与群内弱关联两种交互形式,"被同学安利来,真的很棒!""被美术老师安利来"等他人推荐、慕名而来的受众,大多数持更积极的态度,说明人际传播(强关联)在亚文化群体中成功调和了群体内外的界限,增强受众吸纳主流文化的正面情感。因此,如何构建一个对接通道(群内、群外),探寻主流文化进场的方式十分重要。未来研究可将目前新型媒介平台抖音、快手、直播等作为另一个研究基点,反思不断涌现的"网生代"聚集社群,主流文化如何接入群内,保持其成员"自己人"的归属感,以达到内外联结的平衡性。

(三)意动阶段——网生代群体特质与意动行为

本研究中的网生代被视为新媒介技术的先行者,其中的"御宅族"并非仅是消极的"宅"或者"特立独行",被视为"边缘者"的亚文化群体以往常常运用亚文化风格以增强成员的凝聚力并离散主流文化。在"媒体泛化"(omnipresence)的今日场景中[51],亚文化风格和符号不再具有本真性,相反,它们越来越成为主流文化的一部分。

阶梯模型"认知"与"情感"阶段的调节下,群体发生内化。在对主流文化高度认同感的驱使下,网生代扮演着文化传承者与扩散者的角色,并产生"意动"行为。他们以弹幕视频网为中心,将纪录片推广到整个网络环境甚至线下真实情景中,成为主流文化的重要"推手"。因此,青年亚文化并非仅仅"离经叛道",相反,他们是活跃且极具潜力的网络文化传播者;但值得注意的是,在得以逃避现实的亚文化"虚拟"场景中,他们产生了双重身份的迷失感,现实与虚拟的矛盾依旧不可调和,这体现在低自我认同感、行为与心理的矛盾性,他们在网络满足自我表达欲望的同时,虚拟空间中群内成员的纽带并没有给他们带来真实的交往情景。主流文化的正面价值引导是否可以有效弥补网生代自身的文化焦虑与现实生活的身份迷失?文化传播道阻且长,由于网络环境极具复杂性,本研究无法追踪观察这些参与弹幕传播的受众的真实生活及线下行为,以期未来研究作进一步考量。

综上,主亚文化融合以"中国主流文化"为旨趣,以"边界跨越"为路径,指向特定的社会群体、价值观念、社会心理及生活方式。社交媒体时代,智能化科技的点滴突破日益革新着人际交流方式,以及接踵而来的社群互动与网生代的日常生活形态。技术同时重塑了媒介格局与文化生态。在信息大爆炸的"注意力经济"时代,主流文化传播的内在逻辑与广告营销的"阶梯模式"路径如出一辙,即受众接入信息(inform)并被说服(persuade)的过程并非能有效证明主流文化的辐射力与影响力,其传播效果的深意与最终目的在于特定群体对文化价值体系(或文化品牌)产生情感黏接、建构忠诚度并感知到文化归属感。我们对主亚文化融合的思考应不仅仅停留在文化产品如何提升自身创新性,我们应将目光下沉于微观层面上,透析网生代的群体特质及媒介化社群互动,建构从文化认知、情绪表达到意动行为——多维度、层级化的文化传播机制,动态深化主流价值观的传播效果。

注释

[1] Williams, H. T, McMurray, J. R., Kurz, T., et al. (2015). Network Analysis Reveals Open Forums and Echo Chambers in Social Media Discussions of Climate Change. *Global Environmental Change*. 32(3).

[2] Willard, M. J. (2001). Generations of Youth: Youth Cultures and History in Twentieth-century America. *The Journal of American*

History.86(2).

　　[3] 李其名、黄薛兵:《青年亚文化视域下的"全民直播"现象解读》，《中国青年研究》2017 年第 11 期。

　　[4] 陈霖:《新媒介空间与青年亚文化传播》，《江苏社会科学》2016 第 4 期。

　　[5] 沈杰群、李翀:《亲近传统文化成为青年追求的新时尚》，中青在线网站，https://baijiahao.baidu.com/s? id＝1627115513593750305 & wfr＝spider&for＝pc，2019 - 03 - 05。

　　[6] Encheva, K., Driessens, O., Verstraeten, et al. (2013). The Mediatization of Deviant Subcultures: An Analysis of the Media-related Practices of Graffiti Writers and Skaters. *Media Culture*. 29(54).

　　[7] 史宏波、汪倩:《新媒体时代"95 后"青年多元价值取向对主流价值观的冲击及应对——基于 B 站大规模下架海外电视剧事件的思考》，《当代青年研究》2018 年第 2 期。

　　[8] 曲春景、张天一:《网络时代文化的断裂性和连续性:"B 站"传统题材作品的"爆款"现象研究》，《现代传播(中国传媒大学学报)》2018 年第 9 期。

　　[9] 梁岩:《新媒介语境下的二次元青年亚文化景观》，《电视研究》2019 年第 7 期。

　　[10] 李英华:《栖居于虚实两境:网生代青年心理样态透视——基于文化心理学的视角》，《中国青年研究》2019 年第 8 期。

　　[11] 贺红英、邢文倩:《异托邦的享乐与狂欢——从二次元分析网生代受众行为心理》，《编辑之友》2017 年第 6 期。

　　[12] 何威:《从御宅到二次元:关于一种青少年亚文化的学术图景和知识考古》，《新闻与传播研究》2018 年第 10 期。

　　[13] 梁岩:《新媒介语境下的二次元青年亚文化景观》，《电视研究》2019 年第 7 期。

　　[14] Hannerz, Ulf. (1980). *Exploring the City: Inquiries Toward an Urban Anthropology*. New York: Columbia University Press, pp.102 - 150.

　　[15] 赵汀阳:《跨文化聚点研究:文化边界，新百科全书与综合文

本》,《中央社会主义学院学报》2019 年第 5 期。

[16] 冯济海:《中华民族内群体跨文化传播研究中的边界问题》,《北京理工大学学报》(社会科学版)2020 年第 1 期。

[17] 冯济海:《中华民族内群体跨文化传播研究中的边界问题》,《北京理工大学学报》(社会科学版)2020 年第 1 期。

[18] Andy, B. (1999). Subcultures or Neo-tribes? Rethinking the Relationship between Youth, Style, and Musical Taste. *Sociology*. 33 (3).

[19] 王蕾、姚亚南:《亚文化迷群社交媒体传播中的沉浸体验研究：以英剧〈神探夏洛克〉同人迷为例》,《新闻大学》2018 年第 6 期。

[20] [美] 约翰·费斯克:《理解大众文化》,王晓钰、宋伟杰译,北京：中央编译出版社,2001 年,第 34 页。

[21] 陈一:《新媒体、媒介镜像与"后亚文化"——美国学界近年来媒介与青年亚文化研究的述评与思考》,《新闻与传播研究》2014 年第 4 期。

[22] Williams, J. P. & Copes, H. J. S. I. (2011). "How Edge Are You?" Constructing Authentic Identities and Subcultural Boundaries in a Straightedge Internet Forum. *Symbolic Interaction*. 28(1).

[23] Xiao, J. & Stanyer, J. (2017). Culture, Boundary, and Identity: A Comparison of Practices between Two Online Punk Communities in China. *Symbolic Interaction*.10(3).

[24] Young, K. & Atkinson, M. (2008). *Tribal Play: Subcultural Journeys Through Sport*. UK:Emerald Group Publishing.

[25] 张嫱:《迷研究理论初探》,《国际新闻界》2007 年第 5 期。

[26] Young, K. & Atkinson, M. (2008).*Tribal Play: Subcultural Journeys Through Sport*. UK:Emerald Group Publishing.

[27] 李明、周梦青:《虚拟社区中 ACG 爱好群体的区隔建构——基于 stage1st 论坛动漫区的虚拟民族志研究》,《新闻大学》2018 年第 3 期。

[28] 王蕾、姚亚南:《亚文化迷群社交媒体传播中的沉浸体验研究：以英剧〈神探夏洛克〉同人迷为例》,《新闻大学》2018 年第 6 期。

[29] Encheva, K., Driessens, O., Verstraeten, H., et al. (2013). The Mediatization of Deviant Subcultures: An Analysis of the Media-re-

lated Practices of Qraffiti Writers and Skaters. *Media Culture*. 29(54).

［30］战迪:《"网生代"电影与青年文化认同》,《当代电影》2018 年第
9 期。

［31］陈静静:《互联网与少数民族多维文化认同的建构——以云南
少数民族网络媒介为例》,《国际新闻界》2010 年第 2 期。

［32］Lavidge, R. J. & Steiner, G. A. (2000). A Model for
Predictive Measurements of Advertising Effectiveness. *Advertising &
Society Review*. 1(1).

［33］杨国枢:《中国人的价值观》,北京:中国人民大学出版社,2013
年,第 52 页。

［34］曲春景、张天一:《网络时代文化的断裂性和连续性:"B 站"传
统题材作品的"爆款"现象研究》,《现代传播(中国传媒大学学报)》2018
年第 9 期。

［35］[美]托马斯・谢林:《冲突的战略》,赵华等译,北京:华夏出版
社,2011 年,第 70 页。

［36］Turner, F. J. & Simonson, H. P. (1963). Significance of the
Frontier in American History. *International Socialist Review*. 3(7).

［37］吴迪、严三九:《网络亚文化群体的互动仪式链模型探究》,《现
代传播(中国传媒大学学报)》2016 年第 3 期。

［38］Griffin, E. (2006). *A First Look at Communication Theory*
(6th ed.). New York: McGraw-Hill.

［39］于隽:《微媒介环境中的感知转向及对个人自我建构的影响》,
《现代传播(中国传媒大学学报)》2018 年第 7 期。

［40］Jiang, L. C., Bazarova, N. & Hancock, J. T. (2011). From
Perception to Behavior: Disclosure Reciprocity and the Intensification of
Intimacy in Computer-mediated Communication. *Communication Research*.
40 (1).

［41］卢家银:《社交媒体与移动 APP 新闻使用对青年政治抗议的影
响》,《现代传播(中国传媒大学学报)》2016 年第 5 期。

［42］卢家银:《社交媒体与移动 APP 新闻使用对青年政治抗议的影
响》,《现代传播(中国传媒大学学报)》2016 年第 5 期。

［43］白淑英、崔静:《从意义建构到共识达成——关于网络集体行动的一个解释模型》,《兰州大学学报》(社会科学版)2014 年第 42 期。

［44］胡春阳:《网络:自由及其想象——以巴赫金狂欢理论为视角》,《复旦学报》(社会科学版)2006 年第 1 期。

［45］马月飞:《从亚文化及群体心理视角探析弹幕功能的粘性》,《现代视听》2015 年第 4 期。

［46］Granovetter, M. S. (1973). The Strength of Weak Ties. *American Journal of Sociology*.78 (6).

［47］［英］迈克·费瑟斯通:《消解文化:全球化、后现代主义与认同》,杨渝东译,北京:北京大学出版社,2009 年,第 50 页。

［48］贺红英、邢文情:《异托邦的享乐与狂欢——从二次元分析网生代受众行为心理》,《编辑之友》2017 年第 6 期。

［49］章隐玉、李武:《 大学生微信分享行为的影响因素研究》,《东南传播》2015 年第 9 期。

［50］Andy, B. (1999). Subcultures or Neo-tribes? Rethinking the Relationship between Youth, Style, and Musical Taste. *Sociology*.33 (3).

［51］Young, K. & Atkinson, M. (2008). *Tribal Play: Subcultural Journeys Through Sport*. UK:Emerald Group Publishing.

Research on Generation Z User Group of Traditional Chinese Cultural Programs from the Perspective of Cultural Fusion: An Empirical Study by Hierarchy of Effects Model

XU Min, LI Xiao Qin

Abstract: Under the influence of subculture, Generation Zis gradually growing as the main consumer in Chinese cultural market. Both the industry and scholars focus on the characteristics of Generation Z and how they inherit, practice, and disseminate the excellent Chinese traditional culture. This study discusses the academic illustrations concerning in-group cultural "boundary". Based on the research framework of the Hierarchy of Effects Model and via the utilization of big data, the dynamic value diffusion path and media effect of a human history documentary were examined. The result shows that, (1) In the cognitive stage of the model, the integrated cultural factor becomes flowing cultural media with high cognition. (2) In the affective stage, the strong tie (offline interaction) among members can enhance their affective effect on the dominant culture better than the weak tie (online interaction), and so does the vertical depth of community interaction on the elimination of cultural boundaries. (3) In the conative stage, the more cultural factors with high cognition are presented, the more negative the group members' self-reference tendency and the lower the interaction frequency, which reflects the self-examination and value reconstruction, the contradiction between their psychology and behavior in the cultural integration. The research provides new evidence and a thinking path for deepening the media effect of China's dominant values.

Key words: Generation Z; Chinese Traditional Culture Program; Hierarchy of Effects Model

基于算法推荐模式的社会性反思：
个体困境、群体极化与媒体公共性

刘友芝　　胡青山

　　摘　要　互联网信息过载，催生了算法推荐信息分发模式的产生与发展。然而，算法推荐的实践应用，日渐凸显了一些不容忽视的社会性问题：对于个体而言，算法推荐在个体选择性接触和媒体"流量为王"思维的共同作用下，信息分发的"千人千面"，演变为个体信息获取的"信息茧房"困境；对于群体而言，算法推荐对个体的"信息茧房"，加剧了群体成员间"千人一面"的"回音室"效应，并与网络群体中"判断型话题"、同质性群体结构、网络传播的匿名性等"群体极化"互动影响因素共同作用，产生"群体极化"现象，进而消解算法时代的"媒体公共性"。优化现有算法推荐模式，是突破其社会困境的可行之路：首先，赋予算法推荐正确的价值观，在满足用户兴趣的前提下，优先推荐正能量的优质信息内容；其次，将"编辑算法"与"推荐算法"相结合，实行兼具信息分发多样化与个

　　作者简介　刘友芝，女，武汉大学新闻与传播学院教授，武汉大学媒体发展研究中心研究员。研究方向：传媒经济与管理。电子邮箱：youzhi.liu@whu.edu.cn。胡青山，男，武汉大学新闻与传播学院硕士研究生。
　　基金项目　国家社科基金项目"以资本运营推动传统媒体与新兴媒体产业融合一体化发展研究"(15BXW018)

性化的混合推荐算法,将媒体公共性重建与个性化需求满足有机结合。

关键词 算法推荐 信息茧房 群体极化 媒体公共性 算法优化

一、互联网时代信息分发模式的流变与"算法推荐"模式的兴起

"前 Web 时代,机器连接构成了终端网络;Web 1.0 时代,超链接构成了内容网络;Web 2.0 时代,个体连接形成关系网络"[1]。作为新的子网络,服务网络在内容网络与关系网络相互交错时兴起,这是后 Web 2.0 时代的特征。

在后 Web 2.0 时代服务网络兴起之前,信息分发方式主要经历了两种模式:第一种是传统的编辑人工分发。报纸、广播、电视等传统媒体创办的数字化媒体以内容网络为主要特征,信息分发模式以编辑为主导,编辑在这个过程中充当着"把关人"的角色,"把关人"决定着哪些信息能够分发出去。但是囿于技术和媒体类型,编辑分发只能实现目标受众的媒体传递信息,这也成为信息分发的重要模式。社交分发的典型代表是微博和微信,在微博上,群体性连接无法实现目标用户个体的精准到达。第二种是社交媒体的社交分发。进入 Web 2.0 时代,随着社交媒体的蓬勃发展,人与人之间的联系从面对面的线下交往转移到线上关系网络的交往。在这个转变过程中,社交媒体充当了重要的信息传播介质,而通过社交,用户可以关注自己感兴趣的博主或者话题,随时发表评论;在微信上,用户可以通过订阅微信公众号获取自己感兴趣的信息。社交分发打破了传统编辑分发"千人一面"的现象,不同的用户个体,可以通过社交关系主动寻求自己所需的信息,社交分发过程具有了用户

的交互特征。进入移动互联网后 Web 2.0 时代之后,对于用户
而言,出现了信息过载现象,增加了用户获取个性化信息的选
择成本。在此背景下,信息分发服务网络兴起,一种新的信息
分发模式出现了,即为当下数字化媒体广泛使用的算法分发模
式——以人工智能算法为主导的信息推荐系统,可以针对每个
用户的信息诉求高效地实现个性化推荐。算法分发是 Web 1.0
内容网络与 Web 2.0 关系网络走向融合的必然结果。信息的
无限性与个体注意力的有限性之间存在着必然的矛盾,为了解
决这种矛盾,基于算法推荐的"信息找人"服务成为这一时代信
息分发的选择,而基于服务网络收集的用户数据可以成为个性
化信息分发的基础。

二、"算法推荐"模式下的个体困境:从"千人千面"到"信息茧房"

在个性化信息分发的过程中,算法推荐技术发挥着重要的
作用。目前,"用于推荐系统的算法大致有以下几类:基于流行
度的算法、协同过滤的算法、基于内容的算法、基于模型的算
法、混合算法"[2]。其中,基于内容的推荐算法和基于关系的协
同过滤推荐算法是目前我国运用最广泛的算法推荐技术[3]。
前者根据用户浏览和关注的信息,推荐内容相似的信息;后者
通过协同过滤推荐技术,在庞大的用户群体中寻找与目标用户
具有相同兴趣的用户,通过处理他们对于其他信息的看法与感
兴趣程度,预测目标用户对于该类信息的感兴趣程度[4]。伴随
着用户信息选择时个体行为痕迹的不断加强,基于人工智能的
算法推荐系统,根据用户的使用痕迹,描绘出用户的画像。算
法推荐对用户喜好的预测也越来越精准,符合用户兴趣的信息
将被再次推送到用户手中,如此反复,用户每一次对信息的选

择痕迹都在强化其在推荐系统中的个性化标签。所谓算法推荐"越用越懂你",对用户兴趣的把握程度将日趋"精准化",最后以用户直接个性化"私人订制"为最高"精准度"。

基于算法推荐技术的信息分发,某种程度上解决了信息过载时用户信息选择的现实难题,满足了用户在快节奏时代以最少时间成本获取个性化信息的选择诉求,在一定程度上解决了信息分发的"效率"问题。其预期的理想目标是高效地实现"千人千面"的个性化推荐。

然而,从实际应用的社会效果来看,"算法推荐"原本意义上的"千人千面",实际落脚于单个用户,最终却演变为每个用户只能看到"几个面"甚至"一个面",造成用户实际信息获取的"窄化",久而久之,个体面临信息获取的"不公平"问题,即"信息茧房"(information cocoons)下的个体困境。

尼古拉斯·尼葛洛庞帝在互联网出现之初,就预言了"我的日报"(the Daily Me)现象,个体完全根据自己的兴趣选择报纸内容,删除自己不想看到的内容。"我的日报"本质是信息的私人订制,其核心问题就涉及"信息茧房"。

凯斯·桑斯坦(Cass R. Sunstein)在《信息乌托邦——众人如何生产知识》一书中定义了"信息茧房","我们只听我们选择的东西和愉悦我们的东西的通信领域"[5]。在信息传播中,公众只关注自己感兴趣的内容,久而久之就像蚕吐丝一样,把自己包裹在茧房中,与外界其他信息隔绝。

算法推荐下的个性化信息分发模式,通过基于关系和内容的推荐算法,不断过滤信息,个体所接收的信息被局限在狭窄的"茧房"中。这是科技发展带来的惊人的力量:"消费者过滤所读所看所听的力量随之越来越强大"[6]。"无限过滤",这个听起来像是在科幻小说中才会出现的概念,正在技术的加持下逐步变为现实。显而易见,算法推荐技术为"信息茧房"的形成提供了巨大的便利。

"信息茧房"现象,固然与算法推荐技术密切相关,然而,更进一步而言,算法推荐技术的发展仅是"信息茧房"出现的一个推手,"千人千面"演变为"信息茧房"离不开当下媒介现实环境的"土壤栽培"。我们不应该陷入狭隘的"技术决定论"之中,新技术下的社会问题并不一定是新问题,所谓新问题有可能是旧问题在新技术下更换了新的外衣。信息过载下个体主动的"选择性接触"以及媒体对流量的疯狂追求,继而对个体喜好的主动迎合才是"信息茧房"现象背后两大深刻的社会根基。

一方面,选择性接触假说认为,在面对大众传播的信息时,人们更愿意接触与自己原有立场相近的内容,回避与自己观点相异的信息。在数字化媒体时代信息过载的现实情形之下,选择性接触现象更为突出。"信息茧房"的出现与个体的选择性接触密不可分,个体有意识地接触某一类信息,同时规避其他信息,这种行为本来就会导致个人视域的狭窄化,而在人工智能算法推荐的加持下,个体所能接触的信息更加固化,"信息茧房"被不断地加固。

另一方面,媒体为了获取更大的流量,对用户个体信息选择喜好主动迎合。在互联网"流量为王"的市场生存法则之下,为了获取更大的流量,想尽办法留住用户、主动迎合用户的喜好成为媒体的市场选择。越来越多的媒体为了争夺用户、占领市场,在信息分发的过程中,有意识地选择用户喜欢的"几个面"甚至是极端的"一个面"进行推荐。根据观测,算法推荐有时会将用户偶尔的选择行为痕迹(网站点击、浏览、搜索、评论)视为用户不变的兴趣选择,持续推送相关信息;此外,一些用户感兴趣的内容却因为缺乏流量而不被推荐,这一现象可能与当下算法技术缺乏"动态性"有关,但是,更多的情形却与媒体"流量为王"的市场选择倾向密不可分。

由上,如果说在信息过载的环境下,个体的主动选择性接触行为是"信息茧房"产生的个体性社会根基,那么,新兴的算法媒介对流量的追求转而对个体选择喜好的主动迎合,则是加固个体"信息茧房"的媒体性社会根基。算法推荐技术迎合了个体与媒体的社会现实选择,对两者起到了推波助澜的加持作用,助推个体实际信息接触的"茧房"问题。对于个体而言,每个人看到的只是自己感兴趣的一面或几面,算法推荐理论上的"千人千面"变成了个体的"一人几面"甚至"一人一面",造成个体信息接触新的社会公平性问题。

三、"算法推荐"模式下的群体困境:从"回音室"到"群体极化"

如果说"信息茧房"效应下,个人信息视域的窄化是算法推荐技术对个体产生的社会性影响,那么"群体极化"现象则是算法推荐技术对群体产生的社会性影响。这种影响主要是通过网络群体"千人一面"的"回音室"中介效应而发生作用的。

(一)互联网环境下"群体极化"现象研究

"群体极化"这一术语,最早由科林·弗雷瑟(Colin Fraser)等在1971年使用,但是对于"群体极化"现象的研究却早于该术语的提出,其相关研究最早可追溯至1961年美国社会心理学家詹姆斯·斯通纳(James Stoner)对群体讨论及决策的研究。而第一次使用"极化"(polarization)和"极化效果"(polarization effect)描述群体意见经过讨论出现偏移现象的是欧洲社会心理学家莫斯科维奇(Serge Moscovici)和扎瓦洛尼(Marisa Zavalloni)等人。

"群体极化"社会现象的研究,经历过多学科的研究视角的流变,20世纪相当长的一段时间内,群体极化的相关研究被社会心理学主导;进入 21 世纪以后,群体极化研究引起了政治学研究者的关注,它们将关注的焦点聚集在"极化"之上,"群体极化"研究也转向"公众极化"研究。但是,政治学的研究并不是极化研究的唯一生发点,社会议题也是极化研究的一个方向。随着传播技术的发展与进步,媒介与群体极化之间的关系也逐渐引起研究者的注意。群体极化研究中的传播学转向,主要是新媒体环境下的极化研究。尤其是以计算机为中介的传播情境(computer-mediated-communication,简称 CMC)对于群体极化的影响,它不同于以往面对面的线下群体讨论所产生的"群体极化"社会现象。

总体来看,随着技术的发展,对群体极化的研究经历了一系列的转向,从社会心理学转到政治学以及传播学。社会心理学聚焦小型组织化群体在决策过程中意见的偏移;政治学则关注社会舆论的转向和分化;而传播学则展现出对新媒体传播形态的重视[7]。

凯斯·桑斯坦是最早从互联网视角分析研究群体极化的学者[8],是早期关注新媒体环境下群体产生的社会性困境——"群体极化"现象的最具代表性的研究者。他提出,在新的传播技术和网络环境下,兴趣相投的群体会互相交流讨论,而这种讨论的结果是,群体的想法没有改变,但是在群体态度的形式上却更加极端了[9]。"团体成员一开始即有某些偏向,在商议后,人们朝偏向的方向继续移动,最后形成了极端的观点"。不难发现,桑斯坦认为,网络和新的传播技术,大大增加了"群体极化"这一社会现象的可能性。

在桑斯坦对新的传播技术和网络环境下的"群体极化"研究思想的启迪之下,新媒体环境下的"群体极化"研究进一步深入,所关注的核心问题是经历群体交流与讨论的过程之后,群体态度是否产生变化,以及可能变化的"极化"方向。

理论上存在着两种可能的预期结果：一是经过交流与讨论，群体态度在原来方向上可能没有发生改变，但原来的方向上产生了"正向"的"极化"变化，这一预期结果，可称之为原方向性的"正向""群体极化"现象；二是经过交流与讨论，群体态度在原来方向上发生了反方向的变化，并且产生了反方向性的"极化"变化，这一预期结果，可称之为反方向性的"负向""群体极化"现象，也可称之为原方向上的"去极化"现象。所谓"去极化"是指群体在经过讨论以后，立场的偏移与初始方向相反，向另一个极端发展。例如，如果原有的群体是对艾滋病持有歧视的态度，经过讨论后，群体改变了立场，对艾滋病的接受程度提高，那么这就是"去极化"。

（二）网络环境下"群体极化"与"回音室"的中介性影响

凯斯·桑斯坦在定义"信息茧房"时提及"回音室"，互联网在聚合信息方面提供了巨大的风险，"通过互联网很容易获得各种观点，甚至是成百上千、上百万人的共同协作，风险和承诺都源于此。每一天，具有相似想法的人都能并且的确把自己归入他们设计的回音室，制造偏激的错误、过度的自信和没道理的极端主义"[10]。

在网络社会中，观点相似的人在同质化的网络群体中发言，那些实际上由同一群人发出的声音被不断地重复和放大，由此极易造成网络群体的聚集、形成"千人一面"，进而对异质性观点产生排外性"挤出"作用，从而形成同一网络社群的群体性极化偏激言论。

桑斯坦以美国市政厅网站为例，和真实的市政厅不一样，在市政厅网站中，公众只能看到相同的保守言论，从市政厅网站可以链接到数十个其他网站，但是这些网站无一例外都是保守组织建立的[11]。简而言之，每个组织都会建立自己的网站，而大部分都会链接到与自己立场相同的网站，很少与意见不同的网站交流链接。

相同的情况出现在目前各种社交媒体的使用之上,微信公众号下的评论,往往是支持发布者观点的言论汇集;微博中与原博主相异的评论,会受到博主粉丝们的反击批驳。"回音室效应"对群体极化的形成具有重大影响,"在线讨论的参与者会发现:讨论结果并非开放性地吸引对话其他方的可取观点,而常常只导向己方信念体系的进一步增强"[12]。

由此,互联网环境下群体成员之间的"回音室效应"在"群体极化"现象的产生过程中发挥着中介性影响作用:一方面,"群体极化"现象,是通过群体成员的"回音室效应"直接发挥作用的;另一方面,群体成员的"回音室效应",又与群体个体获取同类个性化信息的"信息茧房"直接相关。

伴随着互联网技术的发展,网络社群"回音室效应"对群体极化产生中介性影响,从 Web 1.0 时代的网站发展到 Web 2.0 时代的社交媒体,我们获取了很多过去无法获得的信息,包括各种新话题和新观点。从确保接触到更多意见和话题的角度而言,新技术无疑带来了巨大的机遇。但是,真实的情况却是网络上讨论的话题往往更加局限。

由于受研究者所处的新媒体时代的局限影响,以往新媒体环境下的"群体极化"研究多关注 Web 1.0 时代的网站到 Web 2.0 时代的社交媒体的具体实践情景,对于移动互联网时代产生的 Web 3.0 算法推荐技术下的"群体极化"研究却鲜有专门的针对性研究。

(三)算法推荐环境下"回音室"效应在"群体极化"的中介性影响

当算法推荐成为当下移动互联网信息分发的主流方式之时,我们认为,由于群体中个体获取的信息具有相似性,造成相同或相似群体性的个体"信息茧房"现象,经过群体成员的交流与讨论,产生群体性"回音室"效应,群体态度发生原方向性的"正向""群体极化"现象的社会概率,总体上会大于群体态度发生反方向性的"负向""群体极化"现象——"去极化"现象。并且算法推荐技术加持的原方向性的"正向""群体极化"现象,主要是通过"回音室效应"(echo chamber effect)的中介性影响而发生作用的。

算法推荐技术,加强了用户群体成员之间的"回音室效应"的形成。在算法推荐技术产生之前,人们需要通过主动搜索信息或加入感兴趣的网络社群,主动寻找才能获得相同兴趣的信息来源,加入相同兴趣的团体;但是在算法推荐技术的助推下,人们能够轻易获得相同信息,找到志同道合的人群。人们获取信息是通过"回音室"反射回来的自己的声音。

个体与群体在选择性接触理论下,通过"回音室效应"和"极化游戏效应"造成了意见的极化[13]。就个体而言,算法推荐技术使得人们只关注自己感兴趣的内容,人们置身于信息的"回音室"之中,反复接受相同的观点,导致个体对某类议题的理解日渐偏执,不断走向极化。就群体而言,基于群体成员间的"回音室效应"的"极化游戏",极易产生"群体极化"现象:如果群体参与者反复讨论,例如定期会面、表达观点、投票,那么群体的观点将不断趋向"极化"。在这些反复的"极化游戏"中,随着时间的推移,个人的立场比讨论开始前更极端,群体和个人都将会被置于他们之前无法接受的境地[14]。

蒋忠波在总结麦克格拉斯(McGrath, J. E.)对群体互动产生影响的四个因素[15]之后,提出了话题性质、群体结构和传播媒介特性三个因素会对群体极化产生影响。这一研究发现启示我们:算法推荐技术,实际上是通过作用于易于造成群体极化的互动性影响因素,从而激发网络社群"回音室"中介效应的影响,最终引发网络群体的群体极化。

　　首先,在算法推荐技术造成的"回音室"中,观点都是相似和同方向的,因为聚集在"回音室"中的人们往往具有相同的兴趣爱好,对于话题的讨论也往往具有相同的偏向,这是算法推荐技术下"回音室"的一大特征。在算法推荐技术的加持下,群体聚集在一起讨论往往不是为了得出一个正确答案,而是为了寻找认同、获得支持。换言之,算法推荐下的"回音室"中网络群体讨论的话题多为"判断型话题"(judgmental issue),而非"知识型话题"(intellective issue)。而"判断型话题"所产生的群体极化程度高于"知识型话题"[16]。因为"知识型话题"一般存在一个正确答案,"判断型话题"不存在可以被证实的正确答案。这样的区别导致对于"判断型话题",群体讨论是为了确定一个群体认可的"正确答案",这也就使得"判断型话题"本身就带有偏离的可能性,其讨论得出的结果往往是带有偏向性的。

　　其次,算法推荐技术基于内容算法和关系算法进行信息推荐和分发,往往会造成同类人群的聚集,群体之间往往差异性较小,而同质性较高。在群体结构方面,相较于内部异质性群体而言,"内部同质性的群体经过讨论后产生群体极化的可能性和程度都会比较高"[17]。也就是说,同类人群之间的讨论更容易造成群体极化。这是因为异质性群体的讨论会有较多的不同观点相互碰撞,人们通过获取不同的意见,不断修正自己的意见,而同质性群体因为听不到反对的声音,往往会朝一个方向发展。显然,在"回音室"之中,观点不同的人很难共存,即使有意见相反的人,他们也会出于被孤立的恐惧不表明自己的观点,由此强势的声音愈发昭彰,弱势的声音日益微弱,人们很难听到与自己意见相悖的观点,群体极化也更易形成和发展。

　　最后,算法推荐技术属于一种以计算机为中介(CMC)的传播情境,在这样的情景中,人们是匿名的,这加大了群体极化的风险。算法推荐技术使无数对同一话题感兴趣的个体聚集在一个"回音室"中，而这个"回音室"又像是一块巨大的幕布，人们隐身在"幕布"之后发表言论，无法识别身份。这样的设定显然是危险的，从社会比较理论（Social Comparison Theory，简称 SCT）角度解释，匿名性导致了禁忌的消解，从而激发人们做出更多攀比行为，以追求自身利益的最大化[18]。由于网络的匿名性，人们往往肆意发表观点，对自己支持的观点大肆宣扬，对反对的观点用力批驳，这种现象很容易在媒体的评论区出现。当处于同一"回音室"的其他人看到这些偏激的观点之时，会不自觉地被这些观点影响，进而加入这一阵营去影响其他人，即使这些观点本身可能是完全错误的，这就是所谓的"虚拟串联"。人们通过虚拟的网络获得信息并进行传播，每个人在面对新信息的时候都有一个基准点，基准点较低的人比较容易相信网络上的信息进而采取行动，随着讨论的进展，基准点较高的人也会逐渐加入这个团体，因而赞同该想法并加入该团体的人会越来越多[19]。这样的串联效应或雪球效应导致的后果是：无论信息是否是真实的，大批群众都选择相信这件事，这仅仅是因为其他人看起来也都相信该信息是真实的。

总之，算法推荐技术，通过作用于算法推荐环境下网络群体互动的"判断型话题"、同质性群体结构、网络传播的匿名性，加大并加速了"群体极化"发生的可能性，人们不再是简单地聚集在同一个"回音室"中讨论，而是朝着"群体极化"的方向越走越远。

四、"算法推荐"困境的现实突破：优化算法，重建媒体公共性

（一）重建"媒体公共性"：突破"算法推荐"社会性困境的可行思路

"媒体公共性"研究，可以追溯至哈贝马斯提出的"公共领

域",在这里,哈贝马斯所提出的公共领域被界定为"一个介于国家与市民社会之间的领域,它的基本原则是参与性的、平等的和理性的对话"[20]。从实践层面来看,媒体公共性的探讨方向主要表现为三个方面:

首先,媒体成为"公共论坛",公众可以在这里就公共问题展开讨论,获取信息。桑斯坦引入"公共论坛"的概念来阐释媒体的公共性,公共论坛的一个特点在于"赋予演讲者接触场所和人的权利"[21]。传统的"公共论坛"是公民聚集、沟通思想并讨论公共事务的街道和公园,随着技术发展,报纸、广播、电视、杂志等公共媒体都成为公共论坛。在报纸上,读者可以读到不同的文章,听到不同的声音,甚至接触到自己并不喜欢的领域,原则上增加了人们置身于不同看法中的可能,这正是公共论坛的目标。广播、电视、杂志等也有相似的功能。

其次,相较于传统的诸如街道、公园这样的公共论坛而言,媒体拓展了"公共领域"的时间性和空间性,将具有地方性的公共空间诸如街道、花园,扩展为超越时空限制的公共空间。大众媒体具有超越时间和空间的属性。公众了解的信息不再局限于一个社区,他们可以通过大众媒体了解不同地域的信息;而大众媒体通过文字、图片的形式将信息固定下来,使得信息超越了时间,具有保存的可能性。

最后,媒体塑造了现代舆论的主体——公众。早在20世纪初,法国学者塔尔德就注意到了媒体的社会公共功能,他认为作为公共媒体的报刊对社会的一个主要贡献是造就了现代舆论的主体——公众。"在报刊出现之前,社会群体聚集在同一物理空间中,具有情绪性和激动性,容易受到暗示和感染,因此容易形成非理智的群体性行为。而报纸导致了公众的出现,公众是由'有理性、有知识、有教养'的个人组成"[22],公众的规模随着报刊的普及而不断扩大,社会也随着公众规模的扩大而逐渐稳定。

随着数字化媒体兴起,报纸、广播、电视等传统媒体式微,由传统媒体构建的媒体公共性也遭到了破坏。算法推荐带来的个性化订制信息消解了媒体的"公共论坛",公众只关注自己感兴趣的领域,只听与自己意见相同的观点,只阅读自己喜爱且同意的内容。那么,哪里还会有公共领域的存在[23]?

然而,重建媒体公共性,并不意味着媒体应该重新回到报纸、广播、电视、杂志的时代,因为在互联网海量信息的今天,试图仍然采用完全的人工编辑审定分发的模式显然是不可能的,算法分发是数字化媒体时代的大势所趋,那么,由算法推荐技术带来的问题,实际上可以通过算法推荐模式的逻辑优化来解决。

现有"算法推荐"模式带来的"信息茧房""群体极化"等社会现实困境,从技术上来看,主要是其算法推荐缺失媒体公共性的价值逻辑导致的。因此,以公共性为算法推荐的社会价值的逻辑底线,将媒体的社会"公共性"引入当下算法的网络公共空间中,将是突破其社会性困境的可行思路。

(二)"算法推荐"模式的优化:重建"媒体公共性"的现实可行路径

媒体的公共性,要求媒体必须按照公共领域的规范而展开其实践。它含有这样的理论认知:"媒体公共性,是传媒作为社会公器而服务于公共利益的形成与表达的实践逻辑。"[24]但是,需要申明的是,传媒是否作为社会公器存在,"只能通过分析传媒的实践以及规训其实践的体制安排"[25]。

换言之,"媒体的公共性,最终落实于新闻媒体的话语表达及其实践活动中"[26]。进入移动互联网4G时代以来,算法推荐模式,从创新产生到发展扩散,已逐步成为信息分发的主导方式。人们的信息需求主要分为三个层次,即整体性信息需求、群体性信息需求以及个体性信息需求。三类信息所涉及的内容分别是社会共性信息需求内容、分众化内容以及个性化信息内容[27]。在报纸、广播、电视、杂志占主导地位的传统媒体时代，媒体主要满足整体的共性需求信息，部分涉及群体的分众化信息，基本没有个性化体现。然而，到了数字化信息时代，媒体的信息分发产生了颠覆式的改变，主要满足用户的个性化需求，却忽视了整体的社会共性需求，因而，各种社会问题也随之而来。由此看来，重塑媒体的公共性，需要算法推荐系统满足用户对社会整体的共性信息需求，强化媒体的网络公共"议程设置"功能，允许用户作为公众广泛参与媒体的公共论坛讨论。

在当今算法推荐主导下的信息高效分发模式下，如何践行媒体的公共性？一条可行之路在于：诉诸算法推荐技术，或者更宽泛意义上而言，诉诸技术。诚然，当前社会面临的许多问题，诸如个体困境、群体极化乃至媒体公共性的消解，都与算法推荐技术密不可分，更进一步而言，与算法推荐技术初兴之时人文社会价值逻辑的缺失息息相关。当下，当我们回过头去看这些问题时，可以发现技术带来的问题恰恰能够诉诸算法技术解决。由算法带来的问题，实际上可以通过对现有不完善的算法推荐模式加以修正和调节，优化现有推荐算法的逻辑，从而矫正其算法推荐逻辑带来的上述人文社会性困境。

首先，重建媒体的公共性，要求现有算法必须弥补人文社会价值观缺失的缺陷，或者说矫正现有算法不利于社会安全稳定和良性发展的价值观，优化现有算法模式的价值逻辑，赋予算法以正确的人文社会价值观。正如快手 CEO 宿华所说：算法的背后是人，算法的价值观是人的价值观，算法的缺陷实际上是价值观的缺陷。近年来，某些自媒体，尤其是一些"做号党"，为了流量，甚至利用部分用户的人性弱点，宣扬不良的价值观，而一些互联网平台，也为了商业利益，在算法推荐的价值逻辑中,迎合自媒体,予以其较高的推荐加权占比,为了流量,误导了部分受众的价值观,甚至掌控了社会舆情的不良走向,给我国社会经济持续健康发展带来不利影响。优化现有算法模式的价值逻辑,首先应赋予算法以良性健康的人文社会价值观。

如何给算法注入正确的社会价值观,可以修改现有算法推荐的一些规则,如在保证符合用户兴趣的前提下,优先推荐那些正能量的作品[28]。算法推荐可以跳出缺乏价值观导向的传统推荐模式,增加媒体的公共"议程设置"的功能,引导受众关注公共事件。

其次,重建媒体的公共性,优化算法的实际操作,可将"编辑算法"和"推荐算法"有机结合。喻国明教授认为,基于(现有)算法推荐的信息分发方式仍然属于弱人工智能[29]。而弱人工智能只是一种工具性的存在,在面对海量信息时,弱人工智能式的信息分发在价值判断与选择上均有欠缺[30]。所以,基于人工智能的"推荐算法"应该与基于人工的"编辑算法"相互结合,互为有机补充。面对不同类型的信息,应该采用不同的算法,不能用一刀切的方式去进行信息的分发和推荐。对于整个社会关注度影响最大的整体性信息,应该采用"编辑算法"进行分发,换言之,"以编辑分发为基本范式的分发标准,应该成为整个社会性的、共性需求市场上的'压舱石'和'指南针'"[31]。而对于群体性信息和个性化信息内容,在过滤有害信息(标题党、假新闻、低俗恶搞新闻以及其他损害社会公序良俗的有害信息)基础之上,基于用户或群体成员的个性化信息需求兴趣,实施"推荐算法",进行有针对性的精准信息分发。近年来,以《人民日报》、澎湃新闻为代表的传统媒体在引入算法推荐信息分发方式时,推出了以正确价值观为主导,兼具社会公共性与个性化的算法推荐模式。然而,从信息分发的现实社会结构来看,互联网平台接管了大众用户获取信息的"入口",加大对互联网平台算法推荐的社会价值观优化成为应然之势:一方面,平台算法推荐的社会价值逻辑,应首先以国家相关互联网信息传播的法律红线为价值底线,如我国《网络信息内容生态治理规定》明确了网络信息内容生产者禁止触碰的十条法律红线,同时明确要求,网络信息内容服务使用者和生产者、平台不得开展网络暴力、人肉搜索、深度伪造、流量造假、操纵账号等违法活动。平台的算法推荐的社会价值逻辑,应首先遵守法律红线,在此基础之上,用算法推荐满足大众用户的合法个体性内容需求。另一方面,在此基础之上,平台加大对于优质内容信息的算法推荐的权重占比,为优质内容赋权、赋值。

最后,重建媒体的公共性,在赋能算法以正确价值观的基础之上,实行"编辑算法"和"推荐算法"的结合,具体可通过"混合推荐"算法加以落实。混合推荐算法是指融合诸如基于关系、基于内容、基于流行度等各类算法推荐技术,对这些算法技术加权、并联或串联融合使用[32]。为了克服单一算法推荐的弊端,这些算法逻辑应该被整合到一起,形成一种兼具个性化推荐与公共信息分发的社会性逻辑。换言之,基于混合推荐算法的信息分发模式,既可以让用户获取自己感兴趣的资讯,同时也可以了解身边朋友、同事等所关注的议题,更重要的是可以让用户了解并参与公共事件的讨论。

总之,通过弥补或矫正算法最初产生之时缺失正确的社会价值观以及信息推荐窄化的算法缺陷,将媒体公共性重建与个性化需求满足有机结合。即在增加编辑算法——人文社会价值把关的基础之上,再依据用户的个性化兴趣实现信息分发的个性化推荐,同时兼顾社会整体性公共信息、群体性信息以及个体性信息的多样性,通过上述算法逻辑模式的优化,可形成新兴的算法模式,将多元的有益信息高效地分发至公众手中,在实现信息"千人千面"的同时,进一步实现"一人千面"。正如桑斯坦所言,当信息不再是被订制的时候,就像行走在大街上,你在那里不只会碰到老友,还会遇见形形色色的人[33]。使公众有自由讨论的公共领域,个体可以突破"信息茧房",看到多元的社会公共图景,群体也能降低"极化"的可能性,从而实现社会安全稳定和良性发展。

注释

[1] 彭兰:《"连接"的演进——互联网进化的基本逻辑》,《国际新闻界》2013年第12期。

[2] 郝雨、李林霞:《算法推送:信息私人定制的"个性化"圈套》,《新闻记者》2017年第2期。

[3] 周建明、马璇:《个性化服务与圆形监狱:算法推荐的价值理念及伦理抗争》,《社会科学战线》2018年第10期。

[4] 王宇航、王庆福:《协同过滤在个性化推荐中的应用》,《数字技术与应用》2015年第12期。

[5] [美]凯斯·桑斯坦:《信息乌托邦——众人如何生产知识》,毕竞悦译,北京:法律出版社,2008年,第8页。

[6] [美]凯斯·桑斯坦:《网络共和国:网络社会中的民主问题》,黄维明译,上海:上海人民出版社,2003年,第4页。

[7] 夏倩芳、原永涛:《从群体极化到公众极化:极化研究的进路与转向》,《新闻与传播研究》2017年第6期。

[8] 张爱军、梁赛:《网络群体极化的负面影响和规避措施》,《学术界》2019年第4期。

[9] [美]凯斯·桑斯坦:《网络共和国:网络社会中的民主问题》,黄维明译,上海:上海人民出版社,2003年,第47页。

[10] [美]凯斯·桑斯坦:《信息乌托邦——众人如何生产知识》,毕竞悦译,北京:法律出版社,2008年,第7页。

[11] [美]凯斯·桑斯坦:《网络共和国:网络社会中的民主问题》,黄维明译,上海:上海人民出版社,2003年,第10页。

[12] 胡泳:《新词探讨:回声室效应》,《新闻与传播研究》2015 年第 6 期。

[13] 夏倩芳、原永涛:《从群体极化到公众极化:极化研究的进路与转向》,《新闻与传播研究》2017 年第 6 期。

[14] Sunstein, C. R. (2012). The Law of Group Polarization. *Journal of Political Philosophy*. 10(2).

[15] 麦克格拉斯认为在讨论群体互动时应该考虑四个方面的因素:群体成员的特点、群体的结构、任务的性质、讨论环境的特点。

[16] El-Shinnawy M. & Vinze A. S. (1998). Polarization and Persuasive Argumentation: A Study of Decision Making in Group Settings. *Mis Quarterly*. 22(2).

[17] 蒋忠波:《"群体极化"之考辨》,《新闻与传播研究》2019 年第 3 期。

[18] 蒋忠波:《"群体极化"之考辨》,《新闻与传播研究》2019 年第 3 期。

[19] [美]凯斯·桑斯坦:《网络共和国:网络社会中的民主问题》,黄维明译,上海:上海人民出版社,2003 年,第 58 页。

[20] 汪晖、许燕:《"去政治化的政治"与大众传媒的公共性——汪晖教授访谈》,《甘肃社会科学》2006 年第 4 期。

[21] [美]凯斯·桑斯坦:《网络共和国:网络社会中的民主问题》,黄维明译,上海:上海人民出版社,2003 年,第 18 页。

[22] 郭庆光:《传播学教程》,北京:中国人民大学出版社,2011 年,第 109 页。

[23] 胡泳:《新词探讨:回声室效应》,《新闻与传播研究》2015 年第 6 期。

[24] 潘忠党:《传媒的公共性与中国传媒改革的再起步》,《传播与社会学刊》2008 年第 6 期。

[25] 潘忠党:《传媒的公共性与中国传媒改革的再起步》,《传播与社会学刊》2008 年第 6 期。

[26] 吴治文:《我国新闻媒体公共性之新解》,《青年记者》2009 年第

2 期。

[27] 喻国明:《人工智能与算法推荐下的网络治理之道》,《新闻与写作》2019 年第 1 期。

[28] 白杨:《短视频整改进行时:如何为算法输入价值观?》,《21 世纪经济报道》2018 年 5 月 8 日,第 18 版。

[29] 喻国明:《人工智能与算法推荐下的网络治理之道》,《新闻与写作》2019 年第 1 期。

[30] 张爱军、梁赛:《网络群体极化的负面影响和规避措施》,《学术界》2019 年第 4 期。

[31] 喻国明:《人工智能与算法推荐下的网络治理之道》,《新闻与写作》2019 年第 1 期。

[32] 周建明、马璇:《个性化服务与圆形监狱:算法推荐的价值理念及伦理抗争》,《社会科学战线》2018 年第 10 期。

[33] [美] 凯斯·桑斯坦:《网络共和国:网络社会中的民主问题》,黄维明译,上海:上海人民出版社,2003 年,第 7 页。

Social Reflection based on Algorithm Recommendation Mode: Individual Dilemma, Group Polarization and Media Publicity

LIU Youzhi, HU Qingshan

Abstract: Information overload in the era of mobile internet has given birth to the generation and development of algorithm recommendation information distribution mode. However, the practical application of algorithm recommendation increasingly highlights some social problems that cannot be ignored: for individuals, under the joint action of

individual selective contact and media "traffic is king" think-
ing, the "thousands of people and thousands of faces" of in-
formation distribution has evolved into the dilemma of "infor-
mation cocoons" for individual information acquisition; for
groups, the "information cocoons" for individuals intensifies
the "echo chamber" effect among group members.
Interacting with "judgment topic", homogeneous group
structure, and anonymity of network communication,
dynamic factors work together to produce the phenomenon of
"group polarization", and then eliminate the "media
publicity" in the era of algorithm. Optimizing the existing al-
gorithm recommendation mode is a feasible way to break
through its social dilemma: First, give the algorithm the cor-
rect values, and give priority to recommending positive
energy information content on the premise of meeting the
user's interest. Secondly, combining "editing algorithm"
with "recommendation algorithm" to implement a hybrid rec-
ommendation algorithm with both diversification and person-
alization of information distribution. The reconstruction of
publicity and the satisfaction of individual needs are
organically combined.

Key words: Algorithm Recommendation; Information
Cocoons; Group Polarization; Media Publicity; Algorithm
Optimizing

企业家答主形象对问答平台用户付费意愿的影响研究

董开栋

摘　要　企业家答主是问答平台重要的内容供给方,探究企业家答主形象对问答平台用户付费意愿的影响对企业家人格化营销和问答平台运营管理具有重要的现实意义。整合钦佩感理论和感知价值理论,构建企业家答主形象对问答平台用户付费意愿影响的理论模型,通过问卷调查法收集相关数据,并利用 SmartPLS 3.0 软件对模型进行检验。研究发现,企业家答主的能力和美德形象对问答平台用户付费意愿具有显著的正向影响,钦佩感通过感知价值的中介作用间接影响用户付费意愿,而相关性在感知价值与用户付费意愿的关系中发挥着调节作用。

关键词　问答平台　企业家形象　知识付费　感知价值

随着移动互联网技术尤其是社交媒体平台的发展,企业家纷纷登录微博等平台进行信息生产与分享实践,展露自身形象[1]。知识付费的浪潮下,企业家也开始试水问答服务,获得了市场的极大关注。调查显示,用户对答主选择的偏好中,事

作者简介　董开栋,男,广州大学新闻与传播学院讲师,博士。研究方向:数字新闻业、新媒体用户行为、媒介管理等。电子邮箱:sjcdkd@gzhu.edu.cn。

业成功的企业家排名居前,但问答服务付费在网民中的渗透率较低,在所有知识付费形式中排名靠后[2]。倘若问答平台不能获得用户的付费支持,企业家答主的热情和动力也就不可持续。作为一种互联网体验型服务,问答平台在用户付费前不能准确评估其质量和价值,而企业家答主的微博、个人主页等前台化行为有助于缓解用户信息不对称的现象,并提高平台的风险感知。问答平台应主动开展营销,为企业家个人和用户的联结铺平道路,例如微博问答举办企业家日活动,邀请知名企业家进行问答,吸引了众多微博用户的踊跃参与。但是,并非所有开通问答服务的企业家都能收到较多的提问,各企业家的被提问次数存在较大差异。

本文整合钦佩感理论和感知价值理论,构建企业家答主形象对问答平台用户付费意愿影响的理论模型,分析具体的影响因素及其作用机制,有助于从问答分享者层面丰富知识付费的理论体系,为企业家通过问答服务塑造个人和企业形象提供参考,提升问答平台用户体验和品牌忠诚。

一、相关概念和文献回顾

(一) 问答平台与用户付费行为

问答平台兴起离不开移动互联网技术、共享经济理念和用户付费观念的发展。2016 年,知乎、分答、微博问答等大批问答平台涌现,带领知识付费行业走向新阶段。用户只需花费较低的费用就能获得专业的问答服务,答主也可以获得一定的问答费用拓展自身的社会资本。相比免费的社会化问答网站,付费问答平台的服务更有针对性,质量更有保证性,体验更具丰富性。

问答平台用户付费行为影响因素成为研究的热门,且多围绕信息系统的经典理论和模型展开,如感知价值理论(Value-based Adoption Model,VAM)、技术接受模型(Technology Acceptance Model,TAM)、理性行为理论(Theory of Reasoned Behavior,TRA)和现状偏差理论(Status Quo Bias Theory)等。例如,李武等利用 VAM 视角探讨了感知成本、感知收益对在线付费问答平台用户付费意愿的影响[3]。赵菲菲等整合 TAM、VAM 和认知模型,构建了在线问答社区用户付费意愿的影响因素模型,发现社会影响、任务压力、求知好奇、感知趣味、技术易用因素对用户知识付费意愿的作用显著,平台信任、价值感知和自我效能没有显著影响[4]。卢恒等结合 TRA 和现状偏差理论构建语音问答社区用户付费意愿的影响因素模型,发现沉没成本、信息获取习惯、转移成本和个人免费观念对用户付费意愿具有明显的抵制作用[5]。

但是,目前从答主视角对问答平台用户付费行为影响因素的研究相对薄弱,且局限于关注答主的社会资本特征和意见领袖角色。赵杨等将答主的社会资本分为结构型、关系型和认知型三种维度,发现了其对问答平台用户付费行为的积极影响[6]。张杨燚等将答主视为意见领袖,构建并实证了意见领袖特征通过感知价值影响问答平台用户持续付费围观意愿的理论模型[7]。张颖等以答主的意见领袖和知识提供者两个构面为基础进行研究,结果表明意见领袖的专业性、知名度和知识提供者的问答信息质量、服务质量对付费知识问答社区提问者的答主选择行为具有显著的正向影响[8]。付费问答平台中,用户与答主之间是"一对一"服务关系,用户对问答的高要求依赖于答主的高质量。随着付费问答平台的服务越来越细分,问答平台用户更加重视答主因素,需引入更多维度研究答主特征对用户付费意愿的影响。

（二）企业家形象

企业家形象是指个体对企业家的总体感知。企业家指企业的缔造者、所有者或经营者，包括董事长、总经理、CEO等[9]。在社交媒体兴起之后，企业家在微博上的任何言行都会通过企业家形象的中介作用影响消费者与企业家个人的关系[10]。当消费者感知到名人的能力时，他们与该名人之间的关系更加亲密[11]。王新刚等指出，企业家的社会责任行为偏离会严重损坏消费者对企业家形象的评价，进而对消费者与企业家之间的关系产生消极影响[12]。已有研究对企业家形象维度的划分有所不同，但主流的研究认为企业家形象的产生主要源于能力和美德两个维度。基于上述分析，本研究将企业家答主形象作为影响用户付费意愿的重要因素，并将其分为企业家答主的能力和美德两个维度。

（三）钦佩感理论

钦佩感（admiration）概念来自积极心理学。钦佩感指对优秀他人或榜样的一种高度的喜欢和尊敬[13]，是人们在看到他人的美德行为或非凡能力时所产生的一种积极情绪[14]。钦佩感的形成包括外因和内因两个方面：外因方面主要指榜样自身的优秀品质，内因方面主要指用户自我完善的动机，即他是否认为自己与该榜样具有相似性、相关性和可达成性[15]。已有学者将钦佩感理论引入市场营销领域，并分析了钦佩感在企业管理中的重要价值。钦佩感能够激发人们对钦佩对象的亲近感和信任感[16]。刘伟等发现对雷军、罗永浩等企业家的钦佩感推动粉丝产生品牌依恋[17]。基于现有研究成果，钦佩感是一种积极的心理状态，本研究将选取其作为影响用户对企业家问答付费意愿的重要因素。

（四）感知价值

感知价值是消费者行为学的重要概念。感知价值是消费者在对某一产品的感知收益和感知付出进行权衡的基础上对其效用所作出的总体评估,是决定用户使用某一特定服务的首要动机[18]。回顾以往的研究发现,已有众多学者将感知价值理论应用于用户知识付费行为研究中。如叶阳等发现感知价值显著影响有声阅读平台的用户付费意愿[19],张杨燚等研究发现意见领袖问答的感知价值对用户付费围观意愿有显著影响[20]。对问答平台而言,能否为用户提供更多价值是影响问答服务被用户接受和使用的基础,因此本研究以用户的感知价值作为影响问答平台用户付费意愿的首要因素。

企业家问答是一种垂直的知识问答服务形式。在社交媒体蓬勃发展和企业家前台化行为流行的背景下,从企业家形象视角探讨答主因素对问答平台用户付费意愿的影响,对于问答平台的精细化发展具有重要意义。据此,本研究从企业家形象的双重维度出发,选取企业家答主的能力形象和美德形象为变量,钦佩感和感知价值为中介变量,相关性为调节变量,构建理论模型并进行实证研究。

二、研究假设和理论模型

(一)企业家答主形象的影响作用

现有研究方面,钦佩感是企业家形象的主要影响机制。根据钦佩感相关研究,企业家形象对追随者的钦佩感产生积极影响。企业家在能力方面的非凡表现会引发员工的敬佩感,提升员工的目标导向和工作绩效[21],企业家诚实正直的表现会增进消费者的欣赏和影响消费者的评价[22]。企业家问答是体验型服务,在使用前无法知晓其具体质量,而企业家在微博等社交平台中展现出的能力形象和美德形象对用户钦佩感的建立具有重要意义。因此,本研究提出以下假设:

H1：企业家答主的能力形象对钦佩感有显著的正向影响。

H2：企业家答主的美德形象对钦佩感有显著的正向影响。

（二）钦佩感和感知价值的中介作用

在钦佩感相关研究中，钦佩感对用户态度和行为的积极影响已被证实。钦佩感能够使消费者更加信任和支持钦佩对象，增强对钦佩对象的价值感知。刘伟等研究发现，如果消费者对企业家的钦佩感越强，他们对企业家所在品牌的态度就越积极[23]。钦佩感也能更好地激发消费者购买意愿和改变消费者行为。培养对品牌的钦佩感能够增加消费者购买意愿，推动企业建立"金"品牌[24]。维利尔斯（Rouxelle de Villiers）发现钦佩感能够正向影响顾客契合行为[25]。

感知价值对用户付费意愿的作用已在多个领域被证实。张颖等发现感知价值对付费问答社区提问者的答主选择行为具有积极影响[26]。李武等发现感知价值对在线付费问答社区用户的付费意愿具有直接的正向影响[27]。基于此，本研究提出以下假设：

H3a：钦佩感对感知价值具有显著正向影响。

H3b：钦佩感对用户付费意愿具有显著正向影响。

H4：感知价值对用户付费意愿具有显著正向影响。

（三）相关性的调节作用

相关性作为钦佩感的内因，反映了个体具有向榜样学习的需要和目标。俞钰凡的研究发现，当企业家的形象与消费者的理想自我一致时，消费者更容易对企业家产生依恋情感。企业家所呈现的形象可能是消费者想成为的样子，反映了消费者的理想自我。它使用户可以通过象征性需求的满足来达到提高用户对企业家所在企业品牌的积极态度[28]。若企业家答主形象与用户的榜样形象一致，用户的企业家问答的付费意愿可能会更强烈。基于以上论述，本研究提出以下假设：

H5：相关性对感知价值与用户付费意愿之间的关系起着调节作用。

（四）理论模型

基于上述模型构建分析，最终的理论模型如图 1 所示。

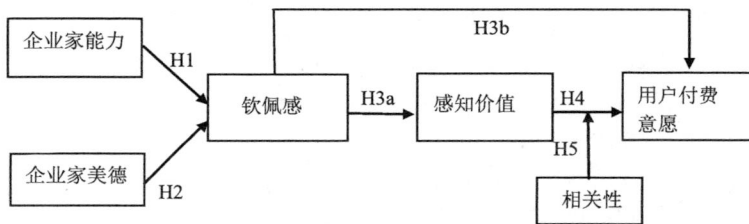

图 1　理论模型

三、研究设计和数据收集

本研究采用问卷调查法收集数据，发放对象是对问答平台有所了解和已付费使用的用户。调查问卷分为两部分：一是用户的基本信息；二是构念测量项。测量量表题项全都来自国内外的已有文献，并结合问答平台的特征进行了修订，以保证具备较好的信度和效度。变量的测量均采用 7 级李克特量表，1 表示"非常不同意"，7 表示"非常同意"。在大规模发放问卷之前，寻找 50 位大学生样本进行问卷前测，邀请 3 位来自知识付费、信息用户行为研究领域的学者对问卷题项进行修改完善，保证问卷设计的严谨性和科学性。量表题项如表 1 所示。

本研究采用在社交平台发布问卷的方式收集问卷，经人工甄别剔除填写不规范（重复率超过 90％）的问卷，最终获得有效问卷 354 份。样本数符合结构方程模型的要求。问卷发放时间是 2019 年 12 月。样本构成上，男性占 46％，女性占 54％；25 岁及以下者占 26.3％，26—30 岁者占 38.1％，31—40

岁者占 30.4%，41—50 岁者占 4.5%，51 岁以上者占 0.7%；学历高中/中专及以下者占 13.6%，大专/本科者占 75.9%，硕士及以上者占 10.5%。

表 1　量表测度项及来源

变量	测量题项	参考文献
企业家能力	EA1：我认为该企业家是有才能的	萨拉宾等（Sarapin, H., et al.）[29]
	EA2：我认为该企业家在他/她的工作中是专业的	
	EA3：我认为该企业家在他/她的行业领域中做出了业绩	
	EA4：我认为该企业家在他/她的工作中是杰出的	
	EA5：我认为该企业家在他/她的行业领域中是有声望的	
企业家美德	EV1：我认为该企业家是诚实可靠的	施伦克等（Schlenke, R., et al.）[30]
	EV2：我认为该企业家具有使命感和情怀	
	EV3：我认为该企业家是富有同情心的	
	EV4：我认为该企业家是热心公益的	
	EV5：我认为该企业家具有一定的道德标准	
钦佩感	AD1：我欣赏该企业家	阿尔戈、海特（Algoe, B. & Haidt, F.）[31] 萨拉宾等（Sarapin, H., et al.）[32]
	AD2：我尊敬该企业家	
	AD3：该企业家的某些事迹令人惊叹	
	AD4：该企业家的某些事迹令人感动	
	AD5：当与他人谈论该企业家时，我会感到骄傲	
	AD6：该企业家的某些事迹令人鼓舞	
	AD7：该企业家的某些事迹令人敬畏	

（续表）

变量	测量题项	参考文献
感知价值	PV1:相对于付出的时间,使用该企业家的付费问答服务是有价值的	塞德什摩克等（Sirdeshmukh, D., et al.）[33]
	PV2:相对于付出的精力,使用该企业家的付费问答服务是有益的	
	PV3:相对于付出的金钱,使用该企业家的付费问答服务是值得的	
相关性	PR1:我想成为该企业家这样的人	洛克伍德、昆达（Lockwood, P. & Kunda, Z.）[34]
	PR2:我能从该企业家身上学到很多东西	
付费意愿	WP1:我打算以后有需要的时候使用该企业家的付费问答服务	约翰斯顿、瓦肯汀（Johnston, C. & Warkentin, M.）[35]
	WP2:我愿意在有需要的时候使用该企业家的付费问答服务	
	WP3:我打算以后主动尝试该企业家的付费问答服务	

四、数据分析与结果

（一）测量模型的信效度检验

本部分主要采用 SPSS 软件和 SmartPLS 3.0 软件进行数据处理。测量模型检验主要检验信度和效度。信度采用两种方式测量:组合信度系数（CR）和克朗巴哈系数（Cronbach α）。结果显示（见表 2）,所有隐变量的组合信度系数均大于 0.8,Cronbach α 系数均大于 0.7。整个问卷具有良好的信度。

效度分析包括收敛效度分析和区别效度分析。结果显示（见表 2）,所有显变量的因子载荷系数均大于 0.6 且绝大多数在 0.7 以上。各隐变量 AVE 均大于 0.5,说明量表具有较好的收敛效度。此外,每个隐变量的 AVE 平方根值（加粗）均大于这些隐变量与其他隐变量的任一相关系数（见表 3）,说明这些隐变量有较好的区别效度。

表 2　问卷各变量信度、收敛效度分析

隐变量	题项	因子荷载	组合信度	Cronbach α 系数	AVE
企业家能力	EA1	0.79	0.88	0.82	0.77
	EA2	0.79			
	EA3	0.72			
	EA4	0.73			
	EA5	0.75			
企业家美德	EV1	0.76	0.86	0.80	0.64
	EV2	0.71			
	EV3	0.75			
	EV4	0.75			
	EV5	0.76			
钦佩感	AD1	0.77	0.81	0.77	0.76
	AD2	0.87			
	AD3	0.66			
	AD4	0.72			
	AD5	0.79			
	AD6	0.81			
	AD7	0.68			
感知价值	PV1	0.76	0.81	0.74	0.72
	PV2	0.71			
	PV3	0.77			
相关性	PR1	0.72	0.82	0.79	0.71
	PR2	0.82			
付费意愿	WP1	0.77	0.81	0.87	0.69
	WP2	0.76			
	WP3	0.80			

表3 区别效度分析

	企业家能力	企业家美德	钦佩感	感知价值	相关性	付费意愿
企业家能力	0.88					
企业家美德	0.57	0.80				
钦佩感	0.58	0.66	0.87			
感知价值	0.64	0.68	0.43	0.85		
相关性	0.65	0.70	0.48	0.66	0.84	
付费意愿	0.52	0.56	0.42	0.64	0.56	0.83

（二）结构模型检验结果

本文采用 Bootstrapping 方法对结构方程模型进行假设检验,并通过 5000 次重新取样对假设路径显著性进行验证。结果显示(见图 2),钦佩感对用户付费意愿的路径系数不显著,即假设 H3b 不支持,其他假设均支持。此外,付费意愿的解释度(R^2)为 54.5%,钦佩感和感知价值的解释度也分别为 59.2%、43.2%,说明本文的研究模型具有较好的解释能力。

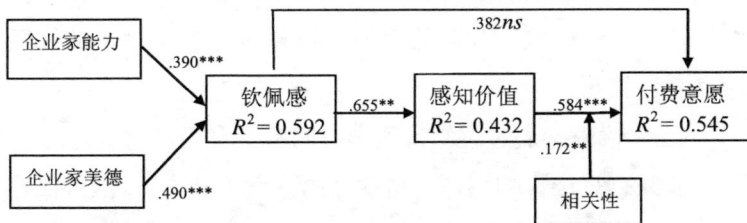

图2 结构模型检验结果
** $P < .01$；*** $P < 0.001$；ns 不显著

五、结论与讨论

本文结合钦佩感理论和感知价值理论,构建了企业家答主形象对问答平台用户付费意愿的影响机理模型,采用问卷调查

法收集用户数据,并通过 SmartPLS 3.0 软件进行数据分析,明确了影响路径和强度。得出以下结论:

(一)企业家答主的能力和美德形象显著影响用户钦佩感

企业家答主的能力和美德形象对用户钦佩感影响的路径系数分别是 0.390 和 0.490,说明企业家答主的能力和美德形象对用户钦佩感产生显著的正向影响。企业家答主在社交平台上展示自己的专业水准和社会公德能有效提升用户对该企业家答主的钦佩感,进而推动付费意愿。相比企业家答主的能力形象,美德形象对用户钦佩感的影响更大,说明企业家答主的美德形象更能让用户产生钦佩感。社交媒体时代,企业家发布涉及企业、产品、个人成就荣誉方面的消息已较为普遍,但用户更注重企业家在社会公益、道德规范方面的表现。因此,问答平台和企业家答主应努力提高用户对企业家美德和能力的感知。平台方可将企业家答主美德表现方面的内容置顶或推荐显示,包括参加社会公益活动、履行社会责任、主动进行慈善捐赠、良好的家庭表现等。企业家个人也应及时补充完善自身的相关信息,展现自身"柔情""热心"的形象,而不能只发"业绩""奋斗"等"硬核"内容,从而抓牢用户对企业家答主的钦佩感联系这根弦。

(二)钦佩感通过感知价值影响问答平台用户付费意愿

钦佩感直接影响用户付费意愿的假设不被支持,但钦佩感对感知价值具有显著影响,感知价值对用户付费意愿有直接影响。这说明,用户对企业家答主的钦佩感必须在问答服务符合期望的基础上才能获得付费支持。这一结果表明,用户使用企业家问答服务不止考虑企业家自身的能力和美德形象,还要看其问答服务的质量能否满足其自身期望。优秀的企业家不一定是优秀的企业家答主,用户在使用企业家问答服务时是理性的。因此,问答平台和企业家答主应重视用户的收益管理,提升用户对企业家问答服务的价值感知。问答平台应加强网络信息监管,严格审核企业家答主资质,保证企业家信息的真实性,也应做好数据安全和隐私保障工作,保护企业家答主和用户的权益不受损失。企业家答主应注意问答服务的响应性、可靠性、移情能力等,有效保障问答服务质量。微博问答平台举办的企业家日活动既降低了用户问答费用,也能提升用户的收益感知。

(三)相关性在感知价值与用户付费意愿的关系中发挥调节作用

相关性对感知价值与用户付费意愿关系影响的路径系数是 0.172,说明相关性会对感知价值与用户付费意愿的关系产生显著的正向调节作用。即,用户认为自身追求的目标与企业家答主的形象越一致,感知价值对用户付费意愿的影响就越强。相关性每增加 1 个单位,感知价值对用户付费意愿的影响就增加 0.172。因此,问答平台和企业家答主应着眼于那些与企业家自身特征和价值追求相一致的用户,提升用户对企业家答主相关性的感知。问答平台可以通过智能算法将用户与追随的企业家答主相匹配,简化搜寻成本。企业家答主也要不时深入评论区和粉丝群进行必要的互动行为,以缩减与用户之间的距离并营造容易接近的形象,方便用户筛选和自身价值追求相一致的企业家。

本研究结合钦佩感理论和感知价值理论,针对企业家答主形象对问答平台用户付费意愿的影响机理进行探索性研究,对问答平台和企业家答主的运营管理有一定的参考价值。但本研究也存在一些局限性和尚待继续深入的地方:第一,不同人口统计学特征用户对企业家问答服务的付费意愿应存在差异,本研究未作区分,未来应将人口统计学变量纳入考察;第二,感

知价值可进行维度细分,钦佩感理论的内因和外因与企业家问
答服务用户付费意愿的关系有待进一步补充验证。

注释

[1] Girginova, K. (2013). Social CEOs: Twitter as a Constitutive Form of Communication. Georgetown University Dissertation.

[2] 腾讯科技-企鹅智酷:《知识付费经济报告:多少中国网民愿意花钱买经验? |真象大数据》,来源:http://tech.qq.com/original/archives/b122.html。

[3] 李武、艾鹏亚、谢蓉:《基于感知价值的在线付费知识问答平台用户付费意愿研究》,《图书情报知识》2018 年第 4 期。

[4] 赵菲菲、渠性怡、周庆山:《在线问答社区用户付费意愿影响因素实证研究》,《情报资料工作》2019 年第 1 期。

[5] 卢恒、张向先、张莉曼:《语音问答社区用户知识付费意愿影响因素研究——基于现状偏差的视角》,《情报科学》2017 年第 11 期。

[6] 赵杨、袁析妮、李露琪等:《基于社会资本理论的问答平台用户知识付费行为影响因素研究》,《图书情报知识》2018 年第 4 期。

[7] 张杨燚、彭子健、刘齐凯:《问答平台用户付费围观持续参与意愿的影响因素》,《图书馆论坛》2018 年第 6 期。

[8] 张颖、朱庆华:《付费知识问答社区中提问者的答主选择行为研究》,《情报理论与实践》2018 年第 12 期。

[9] Goodman, R. & Ruch, S. (1981). In the Image of the CEO. *Public Relations Journal*. 37 (2).

[10] 黄静、朱丽娅、周南:《企业家微博信息对其形象评价的影响机制研究》,《管理世界》2014 年第 9 期。

[11] Thomson, M. (2006). Human Brands: Investigating Antecedents to Consumers' Strong Attachments to Celebrities. *Journal of Marketing*. 70 (3).

[12] 王新刚、黄静:《企业家社会责任行为偏离对品牌形象的影响》,

《软科学》2014 年第 5 期。

[13] Becker, E. & Luthar, S. (2007). Peer-perceived Admiration and Social Preference: Contextual Correlates of Positive Peer Regard among Suburban and Urban Adolescents. *Journal of Research on Adolescence*. 17 (1).

[14] Immordino, H., Mccoll, A., Damasioa, H., et al. (2009). Neural Correlates of Admiration and Compassion. *Neuroscience*. 106 (19).

[15] Schindler, I. (2014). Relations of Admiration and Adoration with Other Emotions and Well-being. *Psychology of Well-Being*. 14 (4).

[16] Becker, E. & Luthar, S. (2007). Peer-perceived Admiration and Social Preference: Contextual Correlates of Positive Peer Regard among Suburban and Urban Adolescents. *Journal of Research on Adolescence*. 17 (1).

[17] 刘伟、纪思淼、齐捧虎:《企业家形象、消费者企业家钦佩感与消费者品牌态度》,《外国经济与管理》2018 年第 3 期。

[18] Jiang, L., Jun M. & Yang, Z. (2015). Customer-perceived Value and Loyalty: How do Key Service Quality Dimensions Matter in the Context of B2C E-commerce? *Service Business*. 33 (2).

[19] 叶阳、王涵:《有声阅读平台用户内容付费意愿影响因素研究》,《图书馆学研究》2018 年第 1 期。

[20] 张杨燚、彭子健、刘齐凯:《问答平台用户付费围观持续参与意愿的影响因素》,《图书馆论坛》2018 年第 6 期。

[21] Galliani, E. & Vianello, M. (2012). The Emotion of Admiration Improves Employees' Goal Orientations and Contextual Performance. *Annals of Internal Medicine*. 153 (1).

[22] Schlenke, R., Weigold, F. & Schlenke, A. (2008). What Makes a Hero? The Impact of Integrity on Admiration and Interpersonal

Judgment. *Journal of Personality*. 76 (2).

［23］刘伟、纪思淼、齐捧虎:《企业家形象、消费者企业家钦佩感与消费者品牌态度》,《外国经济与管理》2018 年第 3 期。

［24］Aker, L., Garbinsky, N. & Vohs, D. (2012).Cultivating Admiration in Brands: Warmth, Competence, and Landing in the 'Golden Quadrant'.*Journal of Consumer Psychology*. 22 (2).

［25］Villiers, R. D. (2015). Consumer Brand Enmeshment: Typography and Complexity Modeling of Consumer Brand Engagement and Brand Loyalty Enactments. *Journal of Business Research*.68(9).

［26］张颖、朱庆华:《付费知识问答社区中提问者的答主选择行为研究》,《情报理论与实践》2018 年第 12 期。

［27］李武、艾鹏亚、谢蓉:《基于感知价值的在线付费知识问答平台用户付费意愿研究》,《图书情报知识》2018 年第 4 期。

［28］俞钰凡:《企业家品牌依恋的情感机制研究》,武汉大学博士学位论文,2012 年。

［29］Sarapin, H., Christy, K., Lareau, L., et al. (2015). Identifying Admired Models to Increase Emulation. *Measurement and Evaluation in Counseling and Developmen*. 48 (2).

［30］Schlenke, R., Weigold, F. & Schlenke, A. (2008). What Makes a Hero? The Impact of Integrity on Admiration and Interpersonal Judgment. *Journal of Personality*. 76 (2).

［31］Algoe, B. & Haidt, J. (2009). Witnessing Excellence in Action: The 'Other-praising' Emotions of Elevation, Gratitude, and Admiration. *The Journal of Positive Psychology*. 42 (2).

［32］Sarapin, H., Christy, K., Lareau, L., et al. (2015). Identifying Admired Models to Increase Emulation. *Measurement and Evaluation in Counseling and Development*. 48 (2).

［33］Sirdeshmukh, D., Singh, J. & Sabol, B. (2002). Consumer Trust, Value and Loyalty in Relational Exchanges. *Journal of*

Marketing. 66(1).

[34] Lockwood, P. & Kunda, Z. (1997). Superstars and Me: Predicting the Impact of Role Models on the Self. *Journal of Personality and Social Psychology*. 73 (1).

[35] Johnston, C. & Warkentin, M. (2010). Fear Appeals and Information Security Behaviors: An Empirical Study. *Mis Quarterly*. 34 (3).

Research on the Influence of the Image of the Entrepreneur Answerer on Users' Willingness to Paying of the Question and Answer Platform

DONG Kaidong

Abstract: The entrepreneur answerer is an important content provider of the Q & A platform. It is of great practical significance to explore the influence of the image of the entrepreneur answerer on the willingness of users to pay for the Q & A platform for the personalized marketing of entrepreneurs and the operation and management of the Q & A platform. The theory of admiration and the theory of perceived value were integrated to construct the theoretical model of the impact of the image of entrepreneur respondents on the willingness of users to pay on the question-and-answer platform. Data were collected through questionnaire survey and the model was tested by SmartPLS 3.0. The ability and virtue image of the entrepreneur respondents have a significant positive impact on the willingness of users to pay on the question-answering platform. Admiration indirectly influences the willingness of users to pay through the mediating role of perceived value, while correlation plays a moderating role in the relationship between perceived value and the willingness of users to pay.

Key words: Q & A Patform; Entrepreneur Answerer Image; Paid Knowledge; Perceived Value